STRATÉGIE

OBJET — ENSEIGNEMENT — ÉLÉMENTS

Par A. G.

ANCIEN ÉLÈVE DE L'ÉCOLE POLYTECHNIQUE

PARIS
LIBRAIRIE MILITAIRE DE L. BAUDOIN
IMPRIMEUR-ÉDITEUR
30, Rue et Passage Dauphine, 30

1895

STRATÉGIE

OBJET — ENSEIGNEMENT — ÉLÉMENTS

DU MÊME AUTEUR

Une Maxime de Napoléon (Extrait du *Journal des sciences militaires*). Paris, 1879, broch. in-8° avec 5 croquis .... *Épuisé.*

Une deuxième Maxime de Napoléon Ier (Extrait du *Journal des sciences militaires*). Paris, 1880, broch. in-8° avec 3 croquis. *Épuisé.*

Une troisième Maxime de Napoléon Ier (Extrait du *Journal des sciences militaires*). Paris, 1881, broch. in-8°................ 1 fr.

Une quatrième Maxime de Napoléon (Extrait du *Journal des sciences militaires*). Paris, 1882, broch. in-8° avec 2 cartes......... 1 fr. 50

Encore une Maxime de Napoléon (Extrait du *Journal des sciences militaires*). Paris, 1886, broch. in-8° avec 1 croquis........ 1 fr. 25

Quelques Maximes de guerre de Napoléon Ier. — Conclusions (Extrait du *Journal des sciences militaires*). Paris, 1882, broch. in-8° avec cartes....................................... *Épuisé*

La perte des États et les camps retranchés (Extrait du *Journal des sciences militaires*). Paris, 1888, broch. in-8 .... 2 fr.

La perte des États et les camps retranchés. — Réplique au général Brialmont (Extrait du *Journal des sciences militaires*). Paris, 1889, broch. in-8................................... 1 fr. 25

De la véritable utilité des places fortes (Extrait du *Journal des sciences militaires*). Paris, 1883, broch. in-8° .... 75 c.

Fallait-il quitter Metz en 1870 ? Paris, 1893, broch. in-8°... 50 c.

L'armée de Châlons, son mouvement vers Metz [1870] (Extrait du *Journal des sciences militaires*). Paris, 1885, 1 vol. in-8° avec 3 cartes et 1 tableau.. 5 fr.

Le blocus de Paris et la première armée de la Loire.

Ire Partie : *Depuis la capitulation de Sedan jusqu'à la capitulation de Metz*. Paris, 1889, 1 vol. in-8°................ ... 3 fr.

IIe Partie : *Coulmiers et ses suites*. Paris, 1890, 1 vol. in-8°. 3 fr.

IIIe Partie : *Champigny, Loigny, Orléans*. Paris, 1893, 1 vol. in-8°. 4 fr.

Paris. — Imprimerie L. Baudoin, 2, rue Christine.

STRATÉGIE

OBJET — ENSEIGNEMENT — ÉLÉMENTS

Par A. G.

ANCIEN ÉLÈVE DE L'ÉCOLE POLYTECHNIQUE

PARIS
LIBRAIRIE MILITAIRE DE L. BAUDOIN
IMPRIMEUR-ÉDITEUR
30, Rue et Passage Dauphine, 30

1895

AVANT-PROPOS

Malgré les modifications de toute nature apportées depuis vingt ans dans l'organisation des armées et dans leur armement, leur conduite dépend toujours essentiellement des mêmes éléments. En dehors des moyens matériels de la guerre, de l'instruction des troupes et de l'art de les conduire sur le champ de bataille, il existe toujours une branche spéciale de l'art militaire qui a pour but de diriger et de combiner les mouvements des armées en dehors du champ de bataille; l'accroissement des effectifs, le perfectionnement des armes n'ont en rien amoindri son importance.

Il est certain cependant que cette partie de l'art de la guerre, que l'on désigne sous le nom de *stratégie*, a été négligée et même dédaignée en France à la suite de la guerre franco-allemande. Le général Berthaut a bien écrit sur ses principes un livre d'une grande valeur; mais en même temps d'autres affirmaient que la stratégie était sans objet, qu'elle ne se distinguait pas nettement de la tactique, et que toutes les théories, qui jadis formaient la base des hautes connaissances militaires, étaient aujourd'hui surannées.

Je crois qu'il est temps de protester contre de pareilles doctrines qui ne peuvent conduire qu'à des idées confuses et contradictoires, et d'en revenir aux anciennes théories que les esprits les plus distingués avaient établies à la suite des longues guerres de la Révolution et du premier Empire. Il est hors de doute que la stratégie aura à l'avenir comme par le passé, une importance décisive; c'est toujours la science principale des généraux en chef. En me proposant dans les études suivantes de rappeler l'attention sur cette partie de l'art de la guerre, je n'hésite pas à dire que je me suis inspiré surtout de Jomini et de l'archiduc Charles, qu'il faut considérer, avec Napoléon, comme les maîtres de la vraie science stratégique. De ce que l'Empereur avait réalisé dans ses campagnes et expliqué dans sa correspondance et dans ses mémoires, ils ont fait une théorie qui ne perdait rien de sa valeur pour avoir pris une forme plus scientifique.

Cependant, j'accorde volontiers qu'il y a dans leurs ouvrages un réel abus de définitions et de terminologie, et qu'il ne peut être qu'avantageux de s'en débarrasser; aussi, tout en adoptant leurs vues d'ensemble, je ne me crois pas obligé de les suivre dans tous les détours de leur exposition.

J'essaierai de les simplifier en les précisant. Ces études ne sont d'ailleurs pas un traité de stratégie ; elles n'en peuvent être considérées que comme le préambule, dont le but est de montrer quel est au juste l'objet de la stratégie, ce qu'on peut en apprendre, quelle méthode il convient de suivre pour y arriver et aussi quels sont les éléments qui sont en jeu dans la conduite des opérations militaires.

L'étude de la stratégie, qui devrait suivre ce préambule, aurait ensuite pour objet les principes d'après lesquels on doit combiner ces éléments et les moyens à employer pour réaliser les combinaisons auxquelles on est conduit en cherchant à appliquer les principes.

A. G.

L'OBJET DE LA STRATÉGIE.

I.

« La stratégie, dit Jomini, est l'art de diriger les masses sur le théâtre de la guerre; la tactique, l'art de les engager sur le champ de bataille. »

Cette définition des deux parties principales de l'art de la guerre, quoique datant de plus de soixante ans, m'a toujours paru bien supérieure à toutes celles que l'on a présentées, aussi bien à l'époque de son auteur que dans des temps plus rapprochés. Ce qui est certain, c'est qu'elle répond bien à l'idée que nous nous faisons aujourd'hui du but essentiel et du développement naturel de toute grande opération militaire.

La guerre est la dernière raison des nations; quand les diplomates n'ont pu s'entendre pour résoudre les difficultés qui s'élèvent entre deux pays, on fait appel à la force. C'est au canon de régler le différend que la raison est impuissante à aplanir.

Les armées sont organisées pour permettre aux nations de soutenir leurs droits. Le seul moyen d'arriver à imposer sa volonté à son adversaire est de s'en prendre à son armée et de la désorganiser. On arrive en général à ce résultat par la bataille, qui est l'événement décisif de toute opération militaire. Je dis en général, car une armée qui se laisse cerner et réduire par la famine se trouve annihilée sans avoir été désorganisée par le combat.

Mais en dehors de ces circonstances, qui ne sont qu'exceptionnelles, c'est par la bataille que se dénouent toutes les opérations militaires. Toutes les dispositions des chefs d'armée doivent avoir pour but de la livrer dans les meilleures conditions. La stratégie et la tactique y concourent chacune d'une manière différente.

C'est par la stratégie que l'on amène sur le champ de bataille le plus de forces possible et dans les conditions les plus menaçantes pour l'ennemi; c'est par la tactique qu'on les engage dans la bataille, de manière à en tirer le meilleur parti. C'est bien là, en réalité, la manière de voir de Jomini.

Mais s'il a mieux compris que personne les grandes divisions de l'art de la guerre, il n'est cependant pas le premier qui ait nettement distingué la stratégie de la tactique. Dans un ouvrage intitulé : *Esprit du système de Guerre moderne*, paru à la fin du XVIIIe siècle, Bulow a essayé de déterminer ce que sont ces deux sciences et de poser entre elles une ligne de démarcation. « J'appelle stratégie, dit-il, les mouvements de guerre de deux armées hors du cercle visuel réciproque, ou si l'on veut, hors de l'effet du canon. La science des mouvements qui se font en présence de l'ennemi, de manière à pouvoir en être vu et atteint par son artillerie, cette science est la tactique. »

On peut chicaner sur les termes de ces définitions, mais il est clair qu'au fond elles se rattachent à celles de Jomini. D'après Bulow, tous les mouvements qui précèdent la bataille appartiennent à la stratégie, les mouvements du champ de bataille à la tactique. L'auteur développe d'ailleurs ses idées en disant : « La stratégie renferme deux parties principales, les marches et les campements; la tactique en a deux également, les développements et les combats; tout cela réuni constitue l'art de la guerre. La tactique est le complément de la stratégie, elle termine ce que l'autre a préparé. » Tout cela est très net et très judicieux, et l'on ne voit pas pourquoi on a voulu abandonner une voie aussi bien tracée, il y a déjà près de cent ans.

Les définitions que donne l'archiduc Charles nous paraissent beaucoup moins heureuses. « La stratégie, dit-il, est la science de la guerre; elle esquisse les plans, elle embrasse et détermine la marche des entreprises militaires; elle est, à proprement parler, la science du général en chef. La tactique est l'art de la guerre; elle enseigne le mode d'après lequel les grands projets doivent être mis à exécution. Cet art est indispensable à tout chef de corps. »

Ce n'est pas que ces définitions ne contiennent une part de vérité, mais elles me paraissent moins précises que celles de Jomini. En outre, cette opposition des expressions de science et art ne me paraît pas parfaitement justifiée. Si elle veut dire que la stratégie repose sur des principes mieux arrêtés et que la tactique est surtout une affaire d'application, la distinction est assurément fort juste ; cependant, il ne faudrait pas entendre que les principes de la stratégie peuvent être utilisés comme des formules mathématiques, et que, au contraire, la tactique ne repose sur aucune règle. En réalité, l'une et l'autre tiennent à la fois de la science et de l'art, elles ont toutes les deux des principes, et l'application de la première exige autant de sagacité que celle de la seconde demande de coup d'œil.

Il importe surtout de bien comprendre qu'elles ne traitent pas de la même phase des opérations militaires, et que le rôle de la tactique n'est pas de réaliser ce que la stratégie a conçu. Elles interviennent successivement et non pas simultanément dans la conduite des opérations militaires. C'est d'ailleurs la manière de voir de l'archiduc qui, après avoir donné au début de son ouvrage les définitions que je viens de rappeler, dit un peu plus loin : « La stratégie prépare la bataille et laisse à la tactique le soin de la gagner. » Il est difficile de mieux dire et plus simplement ; c'est au fond la manière de voir de Jomini et de Bulow ; mais alors il me semble qu'il eût été préférable de laisser trace de cette distinction essentielle dans les définitions elles-mêmes.

Ces observations ne nous empêchent pas de rendre justice à l'ouvrage de l'archiduc, car si ses définitions laissent à désirer, l'ensemble de l'ouvrage est un des plus précieux qui existent sur l'art de la guerre, non pas seulement la partie didactique, mais encore et surtout l'étude d'histoire critique qui la suit ; celle-ci par la justesse et l'élévation des vues, est une des œuvres les plus utiles à lire pour ceux qui sont destinés au commandement des armées. On ne devait d'ailleurs pas moins attendre du grand général qui, parmi les hommes de guerre du début de ce siècle, vient immédiatement après Napoléon, à côté du duc de Wellington, et qui, après avoir battu des généraux comme Jourdan et Moreau, ayant sous leurs ordres les meilleures armées de la République, a tenu tête à Napoléon lui-même à Essling et à Wagram.

A peu près dans le même temps que Jomini publiait son *Précis de l'art de la Guerre* on a vu paraître le livre de Clausewitz, intitulé : *Théorie de la grande guerre,* peu connu en France avant 1870, mais dont on a essayé de faire grand bruit depuis 20 ans.

On n'y trouve pas, au début, de définition bien nette de la stratégie et de la tactique, mais on voit par tout l'ouvrage que l'auteur les distingue essentiellement, et que, d'après lui, la stratégie a pour objet tous les mouvements des armées, sauf le combat qui est l'objet de la tactique. Clausewitz dit d'ailleurs en tête d'un de ses chapitres : « Le but de la stratégie est de préparer et d'utiliser la victoire, celui de la tactique est de l'obtenir. » C'est, au fond, la même idée que celle de Jomini, mais dans l'ensemble, il s'en faut que les deux ouvrages se ressemblent. Autant les idées de Jomini sont nettes et précises, autant, le plus souvent, celles de Clausewitz sont vagues et indéterminées. C'est plutôt une dissertation philosophique sur la guerre, qu'un exposé raisonné de connaissances positives. C'est comme une série d'articles de journaux, que l'on a réunis parce qu'ils procèdent de quelques idées générales; mais le livre qu'ils contiennent en germe reste à faire. Ce pouvait en être seulement le préambule, à la condition de réduire la substance des trois volumes à une centaine de pages. Il semble qu'au fond, Clausewitz n'ait qu'une médiocre confiance dans les principes et, en tout cas, il n'en a pas, à beaucoup près, une vue aussi claire que Jomini.

D'ailleurs, ce dernier a donné de ce livre une appréciation qui me paraît des plus judicieuses :

« On ne saurait contester au général Clausewitz une grande instruction et une plume facile; mais cette plume, parfois un peu vagabonde, est surtout trop prétentieuse pour une discussion didactique, dont la simplicité et la clarté doivent être le premier mérite. Outre cela, l'auteur se montre par trop sceptique en fait de science militaire : son premier volume n'est qu'une déclamation contre toute théorie de guerre, tandis que les deux volumes suivants, pleins de maximes théoriques, prouvent que l'auteur croit à l'efficacité de ses doctrines, s'il ne croit pas à celles des autres.

« Quant à moi, je l'avoue, je n'ai su trouver dans ce savant labyrinthe qu'un petit nombre d'idées lumineuses et d'articles remarquables, et loin d'avoir partagé le scepticisme de l'auteur, aucun ouvrage n'aurait contribué plus que le sien à me faire sentir la nécessité et l'utilité des bonnes théories, si j'avais jamais pu les révoquer en doute : il importe seulement de bien s'entendre sur les limites qu'on doit leur assigner pour ne pas tomber dans un pédantisme pire que l'ignorance. »

Jomini dit en même temps qu'il regrette que Clausewitz n'ait pas connu son *Précis de l'art de la Guerre*, car il pense qu'il lui aurait rendu quelque justice.

Sur ce point, j'avoue ne pas partager précisément l'opinion de Jomini, qui me paraît tant soit peu naïve pour son âge.

Pour peu que l'on connaisse la nature humaine, on ne doit pas s'attendre à réformer les idées des inventeurs de nouvelles théories, si fausses qu'elles soient, et je dirai même d'autant moins qu'elles sont plus fausses. Ce n'est pas pour eux qu'il faut écrire, mais pour les autres, je veux dire pour ceux qui n'ont pas de parti pris et qui ne disposent que de la droiture de leur jugement pour choisir entre des théories opposées.

Pour moi, j'avoue n'avoir jamais compris l'engouement dont Clausewitz a été l'objet en France depuis quelques années, car j'ai pensé qu'une armée qui avait à sa disposition les *Commentaires de Napoléon*, les œuvres de Jomini et de l'archiduc Charles, les *Mémoires* de Gouvion-St-Cyr et de Marmont, n'avait pas besoin de lire les œuvres de ce général prussien pour apprendre l'art de la guerre. Quant à prétendre, comme le fait le général Pierron, que Clausewitz est le premier qui ait bien saisi les causes des premiers succès de Bonaparte, je crois que rien n'est moins exact, et que Jomini, en particulier, les a jugés et expliqués avec un esprit autrement juste que son rival allemand.

Quoi qu'il en soit, ce qui résulte des observations que je viens de présenter, c'est que Jomini et Bulow, l'archiduc et Clausewitz ont eu des grandes divisions de l'art de la guerre, des idées au fond semblables. Les termes employés par Jomini me paraissent les meilleurs, mais les autres ne s'en distinguent pas essentiellement.

Pendant toute la première moitié du XIXe siècle, il y avait, en somme, conformité de vues de la part des auteurs qui, pour la plupart n'ont écrit sur l'art de la guerre qu'après avoir participé aux grands événements de la période napoléonienne.

Pour tous, ce qui est relatif au plan de campagne, à la conduite générale des opérations est du ressort de la stratégie. Tout ce qui est relatif à la bataille, en y comprenant le plan de bataille, appartient à la tactique.

Il faut reconnaître, d'ailleurs, que jusque dans ces derniers temps la plupart des écrivains militaires n'ont pas hésité à reconnaître cette distinction.

Toutefois, l'école allemande, qui au fond procède de Clausewitz, a toujours eu une tendance à élargir le rôle de la stratégie en y comprenant les causes morales, la politique de la guerre, en un mot tout ce qui peut avoir une influence réelle sur les projets du général en chef.

Ainsi, d'après le colonel Blume, stratégie veut dire, par étymologie, l'art d'employer les forces et les moyens militaires pour atteindre le but de la guerre. Cela peut paraître bien vague et bien général ; mais, ajoute l'auteur, dans le langage du métier on attribue à ce mot un sens plus restreint.

On a compris sous le nom de tactique tout ce qui a trait à l'emploi des forces militaires dans le combat et tout ce qui les réglemente en vue du combat. Sous le nom de stratégie, on comprend l'art du général, abstraction faite de ce qui est du domaine de la tactique. Même avec cette restriction, la définition de Blume nous paraît encore trop large et il me semble préférable de n'y comprendre, comme Jomini, que ce qui est relatif à la détermination des directions à suivre et des positions à occuper sur le théâtre des opérations.

Cependant, au fond, cette distinction est toujours la même. Il est toutefois des auteurs qu'elle ne satisfait pas, et notamment Rustow. Dans son livre intitulé : *L'art de la guerre au XIXe siècle*, il a cru devoir rejeter les définitions de Jomini ; mais il faut convenir qu'en même temps pour les remplacer il en a proposé d'autres qui sont au moins très singulières.

« La stratégie, dit Rustow, est l'art de conduire les armées ; elle comprend l'art des grands mouvements, l'art de se reposer et aussi l'art des batailles. » Cette définition me paraît par trop arbitraire ; l'art des batailles au moins est en trop dans la stratégie. Et alors, demandera-t-on, quel est l'objet de la tactique ? Rustow répond : « C'est l'art des positions. » Je ne crois pas qu'il y ait lieu d'insister plus longtemps et que personne en France n'aura l'idée d'adopter de pareilles définitions.

Il en est cependant de plus mauvaises; ce sont celles que l'on a adoptées chez nous dans ces derniers temps.

Pendant 50 ans, la théorie de l'art de la guerre n'a fait aucun progrès dans notre pays. Avant 1870, Jomini était généralement reconnu comme le grand maître; mais on l'a presque toujours mal compris en France. Au lieu de considérer l'histoire comme la base des études militaires, on a essayé de présenter la stratégie comme une sorte de science géométrique comprenant seulement un certain nombre de définitions et quelques théorèmes, tandis que Jomini avait fait reposer tout son système sur l'étude des campagnes des deux grands hommes de guerre qui s'étaient montrés en Europe au milieu et à la fin du XVIIIe siècle, Frédéric et Napoléon. Il en est résulté les idées les plus fausses sur la valeur des principes et sur tout l'art de la guerre en général. Nous avions encore ces idées en 1870, mais il est bien injuste d'en rendre responsable Jomini. Ce n'est pas à lui qu'il faut s'en prendre si l'on n'a rien compris à ses doctrines, car il savait mieux que personne que les principes qu'il a essayé de mettre en évidence ne sont pas absolus et que l'étude de l'histoire seule peut en montrer la vraie valeur. Quoi qu'il en soit, depuis 25 ans Jomini a été complètement mis de côté, sous le prétexte que ses théories renferment une terminologie abusive. On a prétendu qu'elles ne répondaient pas aux nécessités de la guerre contemporaine. On aurait mieux fait de se contenter de se débarrasser de ce qui était inutile et de bien saisir tout ce qu'au fond elles renferment de vues judicieuses. Il est d'autant plus regrettable que l'on ait fait table rase de tout ce qui était reconnu comme la base de la théorie de la guerre, que les idées nouvelles que l'on y a substituées n'ont pas, tant s'en faut, réalisé le moindre progrès.

Rejetant les définitions de la stratégie et de la tactique que Jomini avait données si simples et si nettes, on les a remplacées par d'autres aussi fausses que confuses.

On a dit : stratégie, conception; tactique, exécution.

Or, je crois que de toutes les définitions que l'on a présentées, ce sont les plus mauvaises.

Outre que ces définitions manquent de précision, elles s'appliquent mal aux objets à définir. Il n'est pas exact de dire que la tactique exécute ce que la stratégie conçoit; parce qu'elles ne sont pas l'une la conception et l'autre l'exécution d'une même chose. Elles traitent d'objets différents et les règles qu'elles comportent s'appliquent à des phases non pas simultanées, mais successives d'une opération militaire.

En 1806, Napoléon, envisageant les diverses lignes d'opérations possibles et considérant celle qui conduit du haut Mein sur Berlin comme la plus probable et la plus avantageuse, résout un problème de stratégie. Il complète la solution en choisissant la région comprise entre Bamberg et Bayreuth pour le rassemblement de son armée et en y créant de solides points d'appui. Le choix de la base d'opérations découle de l'étude des lignes d'opérations. Mais quand, après avoir terminé ses préparatifs et concentré son armée, il débouche en Saxe, il fait encore de la stratégie. La tactique n'a rien à faire dans tous les mouvements qu'exécute l'armée française à la recherche de l'armée prussienne. Elle joue seulement un rôle restreint dans les combats partiels livrés à Schleitz et à Saalfeld. Alors même que le 13 au matin Napoléon s'écrie : « Le voile est déchiré ! » la période de la stratégie n'est pas terminée, seulement la direction à suivre par l'armée, jusque-là incertaine, devient précise. Les mouvements de l'armée sont nettement orientés, mais les opérations ne cessent pas d'être stratégiques.

C'est seulement le 13 au soir, après la prise du contact avec l'armée prussienne, que le rôle de la tactique commence. En arrêtant ses dispositions pour la bataille du lendemain, l'Empereur reste encore dans le domaine de la conception. Cependant, il résout un problème de tactique.

Après la bataille, la direction de la poursuite est une question de stratégie; mais lorsqu'une colonne atteint l'ennemi et l'attaque, elle fait de la tactique.

Bien entendu, avec cette manière de voir nous écartons de la tactique une foule d'éléments qu'on y a fait entrer depuis 20 ans, tels que les marches, les cantonnements, le service de sûreté, etc.

Avec les définitions reposant sur la distinction de la conception et de l'exécution, chacun de ces éléments comporterait des problèmes de tactique et de stratégie. Celui qui prescrit de suivre une direction, d'occuper un cantonnement, de faire une reconnaissance, ferait de la stratégie, puisque l'essence de la stratégie serait de déterminer les mouvements de l'armée, ses points d'arrêt et de se renseigner sur ceux de l'ennemi. Mais pourquoi dire que celui qui exécute la marche, occupe le cantonnement, exécute la reconnaissance, fait de la tactique? Jamais avant 1870 la bonne exécution d'une marche ou d'une reconnaissance n'a été considérée comme la marque d'un bon tacticien. Récemment, on a fait même rentrer dans la tactique les ravitaillements en vivres et en munitions. Il n'y a pas lieu de s'arrêter dans cette voie. Ne pourrait-on pas imaginer la tactique de l'habillement à l'usage des tailleurs et des bottiers, tandis que la stratégie de l'habillement serait le fait de ceux qui arrêtent les modèles. On a même été encore plus loin; certains écrivains ont employé l'expression de tactique de décision. Je demande ce que cela peut bien vouloir dire. Auparavant on appliquait au moins ce mot de tactique à des actes, les marches, les reconnaissances, les ravitaillements; aujourd'hui on l'applique à des qualités morales. Bientôt sans doute après la tactique de décision, nous aurons la tactique de bravoure, la tactique de sagacité.

Au fond, ces expressions ne seraient pas plus singulières que celles que l'on a adoptées depuis vingt ans, et l'on voit jusqu'où l'on peut se laisser entraîner en cherchant à établir au début de la science militaire des distinctions subtiles qui ne sont pas en rapport avec la nature des choses.

L'idée de séparer les études militaires en conception et exécution est avant tout vicieuse, parce que la distinction n'est pas réelle.

Dans les opérations des officiers de tout grade, il y a une part pour la conception. Dira-t-on qu'un chef de bataillon ou un capitaine qui, avant de placer sa troupe, a étudié les emplacements qu'elle doit occuper, fait de la stratégie. Évidemment non, il fait de la tactique qui, comme tous les actes de la vie, comporte de la conception et de l'exécution. Un officier d'artillerie, qui exécute la reconnaissance d'une position, ferait de la tactique; en réfléchissant sur les dispositions à prendre pour l'occuper il ferait de la stratégie, mais en l'occupant réellement il ferait de la tactique. Toutes ces distinctions ne sont-elles pas puériles et toutes les conditions d'une logique sensée ne s'y trouvent-elles pas en défaut? Cependant, c'est sur de pareils enfantillages que repose en France la théorie de l'art de la guerre depuis vingt ans.

Aussi, est-on arrivé à confondre les idées les plus distinctes, et c'est ainsi que quelques écrivains ont été conduits à prétendre qu'il n'y avait pas de différence entre la stratégie et la tactique.

Il faut, d'ailleurs, reconnaître que dans le développement des idées nouvelles on est loin d'être d'accord, et que, au contraire, les écrivains, qui se sont exercés sur ce sujet, sont souvent en contradiction les uns avec les autres.

L'un semble ne voir dans l'art de la guerre que la question des communications, et il a consacré de gros volumes à étudier les communications de toutes les espèces; c'est là, sans doute, un sujet digne d'intérêt, mais je ne vois pas bien pourquoi le livre qui en traite exclusivement a pour titre : *Stratégie et Grande tactique*, car, quelle que soit l'importance des communications des armées avec leurs bases d'opérations, il est certain qu'il y a autre chose dans la stratégie et surtout dans la grande tactique.

D'ailleurs, les avis diffèrent sur cette importance ; il est même des écrivains militaires qui nient le rôle des bases d'opérations dans la guerre contemporaine, ce qui revient à contester celui des lignes de communications.

Un autre voudrait faire reposer toute la guerre sur le rôle des avant-gardes; mais, pour justifier cette manière de voir, il commence par changer le sens de cette expression. Jadis on y allait sans malice; on se disait que le mot portait en lui-même son sens et qu'il s'agissait d'une troupe située en avant d'une autre et chargée de la protéger.

Aujourd'hui, il paraît qu'il est préférable de donner également le nom d'avant-gardes aux arrière-gardes et aux flanc-gardes, quand celles-ci se trouvent du côté de l'ennemi. Allant même encore plus loin, on voudrait employer cette expression pour désigner toute force chargée d'attirer l'attention de l'ennemi, alors même que le gros de l'armée est dans une toute autre région. Ainsi, avec ces idées, Masséna, à Gênes, pouvait être considéré comme l'avant-garde de l'armée de réserve que Bonaparte a conduite en Italie par le Saint-Bernard.

J'avoue ne pas saisir l'utilité qu'il peut y avoir à changer ainsi le sens des mots. Mais ce qu'il faut encore remarquer pour bien juger de l'état de la théorie de l'art de la guerre à notre époque, c'est que tandis que quelques-uns n'exaltent ainsi le rôle des avant-gardes que parce qu'ils les jugent appelées à couvrir les mouvements des armées, et parce qu'ils croient avec Napoléon, que « la victoire est aux armées qui manœuvrent », d'autres, rappelant ce même mot, affirment qu'il n'a plus de valeur à notre époque, et qu'en raison des effectifs actuels les manœuvres deviendront impossibles.

Je ne veux pas essayer pour le moment de discuter ces diverses opinions. Je me propose seulement de mettre en relief toutes les contradictions qu'elles renferment. Mais en les constatant, on ne doit pas s'en étonner. Les uns et les autres marchant sans fil directeur, d'après la fantaisie de leur esprit et en s'appuyant sur des définitions arbitraires ; il était bien sûr que l'on n'arriverait pas à une doctrine simple et une, et qu'après avoir commencé par tout embrouiller, on serait conduit à confondre les idées les plus réellement distinctes.

En somme, ce qui caractérise les idées nouvelles c'est l'absence d'une vraie théorie de l'art de la guerre. Chacun vous dit bien : « Prenez mon ours », mais le malheur est que ce n'est pas le même ours ; on ne sait même pas s'ils sont de la même famille et susceptibles de s'accorder. Et, en présence de toutes ces contradictions, beaucoup d'esprits désorientés en arrivent à nier tous les principes et à ne voir dans l'art de la guerre qu'une question de moyens.

Voilà où conduit la science des écoles lorsqu'elle se développe sans guide ; on y voit fleurir des théories subtiles et artificielles où le bon sens perd tous ses droits. On y crée, pour apprécier les événements du passé, des instruments de mesure que l'imagination enfante de toutes pièces, et c'est avec ces instruments que l'on veut jauger les plus grands capitaines de l'histoire. C'est le cas de rappeler le mot de Frédéric : « Les généraux sont plus à « plaindre qu'on ne pense ; tout le monde les condamne sans les « entendre ; la gazette les expose aux jugements du public, et « entre plusieurs milliers de personnes, il n'y en a peut-être pas « une qui sache conduire le moindre détachement. »

Au milieu de ces idées aussi bizarres qu'incohérentes un livre a paru en France qui doit être considéré comme le dernier écho des saines doctrines.

Je veux parler des *Principes de Stratégie* que le général Berthaut a publiés peu de temps avant sa mort. Ce n'est pas qu'à mon avis il faille louer cet ouvrage sans réserve. D'abord, je reprocherai à la théorie qu'il renferme de ne pas reposer sur des définitions assez précises. Dès les premières pages, on y parle d'offensive stratégique sans avoir expliqué quel était l'objet de la stratégie. On dira peut-être qu'il n'était pas nécessaire de la définir, mais cette observation ne me paraît pas suffisante pour justifier la lacune que je constate, puisque quelques-uns prétendent que la stratégie n'a pas d'objet spécial et que d'autres en donnent une définition qui est pire qu'une négation.

En outre, le général Berthaut a compris dans son ouvrage bien des études qui ne font réellement pas partie de la stratégie; par exemple, parlant de la préparation de la guerre, il étudie les questions d'organisation et de mobilisation qui ne sont pas logiquement comprises dans la stratégie. Dans la préparation de la guerre, l'étude des projets d'opération seule est une question de stratégie, la préparation matérielle lui est étrangère.

On trouve aussi dans l'ouvrage du général Berthaut d'assez longs développements sur les batailles offensives ou défensives qui sont des questions de tactique et non pas de stratégie. La question de l'instruction de l'armée est également en dehors de cette partie de l'art de la guerre.

Après avoir formulé ces réserves, je n'en suis que plus à l'aise pour signaler tous les mérites de l'ouvrage du général Berthaut.

D'abord, s'il s'est dispensé de donner une définition de la stratégie elle-même, il en a présenté sur les bases et les lignes d'opérations que l'on peut admettre comme justes. Ensuite, les nombreux exemples qu'il a traités pour mettre en relief les principes sont presque toujours des modèles de critique historique. Or, c'est là le critérium d'un bon esprit, et il est certain que l'on pouvait attendre beaucoup d'un homme de savoir et d'expérience qui avait si bien apprécié les exemples du passé. Sans doute, la plupart de ces jugements ne lui appartenaient pas; ils étaient pris dans Jomini, dans l'archiduc Charles, dans Gouvion-Saint-Cyr, mais c'est déjà beaucoup que d'en avoir su apprécier la justesse. Il y en a tant d'autres qui ne se sont fait connaître qu'en en prenant le contre-pied, et qui, sous prétexte de montrer l'originalité de leur esprit, n'ont, en réalité, mis en relief que la fausseté de leur jugement.

Mais ce qu'il faut surtout remarquer dans l'ouvrage du général Berthaut, c'est l'idée qu'il se fait de la vraie valeur des principes de l'art de la guerre. Il sait mieux que personne qu'ils sont essentiellement relatifs aux circonstances, qu'ils ne valent que par l'application que l'on en fait, et que pour s'en servir d'une manière judicieuse, il ne faut jamais perdre de vue les situations particulières où l'on se trouve. Il est vrai que ces idées se trouvent à chaque page dans les écrits de Jomini; mais ceux qui, avant 1870, avaient enseigné l'art de la guerre en France, avaient présenté les principes comme des vérités absolues, comme des théorèmes de géométrie, et ne comprenant rien aux doctrines du célèbre critique, les avaient présentées en les dénaturant. Et c'est au fond la cause du discrédit dans lequel est tombée la vraie science stratégique.

Le général Berthaut, en faisant voir que les problèmes de stratégie sont toujours concrets, avait ramené l'étude de la guerre dans sa vraie voie, et c'est par là que son livre aurait mérité d'exercer sur l'enseignement une influence salutaire. Malheureusement les esprits avaient déjà pris une autre direction dont le caractère est surtout d'avoir prétendu faire du nouveau en donnant des noms nouveaux à des choses anciennes. En outre, le général Berthaut, pour diverses raisons, avait évité de faire la critique des campagnes les plus récentes. Ceux qui ne voyaient dans l'art de la guerre que ses moyens et non pas ses principes, n'ont voulu tenir aucun compte de son ouvrage. Et c'est ainsi que ce livre n'a pas été jugé comme il le méritait; car même en tenant compte des critiques que je lui ai adressées lorsque j'ai commencé à en parler, on pouvait être conduit seulement à en élaguer certaines parties qui ne répondent pas au titre, mais cela n'empêchait pas d'en conserver le reste. Il faut, d'ailleurs, remarquer qu'il n'y aurait rien à supprimer, si au lieu de « Principes de la stratégie » on mettait en tête du livre le titre « Principes de l'art de la guerre ». Pour moi, je suis heureux d'avoir trouvé l'occasion de rendre à cette œuvre l'hommage qu'elle mérite.

Voilà donc un homme d'expérience et de grand savoir qui connaît la tactique et qui en apprécie toute l'importance, qui l'a prouvé dans son livre sur les *Marches et les Combats*, mais qui en même temps a su reconnaître toute la valeur de la stratégie. Il sait bien que l'on peut violer les principes et être vainqueur, quand l'adversaire ne profite pas des fautes commises; qu'à l'inverse, les conceptions les plus raisonnables peuvent échouer par suite d'une mauvaise exécution. Cependant, il affirme que la connaissance des principes est un des éléments les plus essentiels du succès des armées ; c'est la condition même d'une bonne direction, et, si importants que soit pour une armée l'armement et la valeur des troupes, on doit se dire, avec le général Berthaut, que les plus belles armées finissent par succomber quand elles sont mal conduites.

A des titres différents, la tactique et la stratégie ont une égale importance. Si le général Berthaut n'a pas donné la définition de chacune d'elles, il est cependant loin de les confondre, et, quoiqu'ayant traité dans son livre la question des batailles, chaque fois qu'il en parle, il dit que l'on se trouve devant un problème de tactique.

Je pense donc que ce qu'il faut rejeter, ce sont les théories nouvelles, qui ne reposent que sur des définitions arbitraires, qui sont toutes plus ou moins confuses et incomplètes, et en contradiction les unes avec les autres, et qu'il faut revenir résolument aux idées anciennes adoptées par tous ceux qui ont écrit sur l'art de la guerre à la suite des guerres du premier Empire et que Jomini a précisées mieux qu'aucun autre.

Ce n'est pas cependant qu'il faille méconnaître les caractères nouveaux de la guerre contemporaine. Il y a lieu de tenir compte de la transformation des moyens, et même, sur la question de théorie, j'accorde qu'on ne doive pas copier servilement Jomini. Mais, en le prenant pour point de départ, on peut se proposer de le simplifier, de préciser et de mieux adapter la théorie aux nécessités de notre époque.

La première question à traiter en entreprenant une pareille tâche consiste à indiquer avec précision comment il convient d'entendre les objets respectifs de la stratégie et de la tactique, et quelles sont au juste les limites de ces deux parties de l'art de la guerre.

On peut dire que le rôle de la stratégie commence quand la mobilisation est terminée. Pendant la période de mobilisation, l'armée n'est pas une force combattante, elle est en formation. Les troupes sont encore entre les mains du ministre de la gurre ; théoriquement, c'est quand elles en sortent pour tomber dans celles du généralissime, que le rôle de la stratégie commence.

Dans la pratique, le déploiement de l'armée sur la frontière a pu être préparé dans les bureaux du ministère; mais il est clair que c'est une question de stratégie, et d'ailleurs, les bureaux de l'état-major général qui l'ont préparé peuvent être considérés comme l'organe du généralissime, aussi bien que celui du ministre. Le choix des lignes et des bases d'opération dans la guerre offensive, des lignes de défense et des lignes de retraite dans la guerre défensive, tout ce qui est relatif aux concentrations, aux communications de l'armée avec les sources vives de la puissance militaire, tout cela est du ressort de la stratégie.

Quant à la tactique, elle comprend trois subdivisions.

Il y a d'abord la tactique élémentaire, ou tactique de détail, qui comprend les procédés de combat des petites unités de toutes armes. C'est elle qui fait connaître les manœuvres et les formations de combat des compagnies et des bataillons, des batteries ou des groupes de batteries, des escadrons ou des régiments de cavalerie. Chacune de ces unités y apprend comment elle doit se comporter dans les diverses circonstances d'une action. C'est la science des officiers subalternes et des officiers supérieurs.

Il y a ensuite la tactique d'ensemble ou des trois armes. Elle fait connaître le rôle de chaque arme dans la bataille, comment elles doivent s'entr'aider dans l'attaque ou la défense d'une position. C'est la science des généraux de brigade et des généraux de division.

Enfin, il y a la grande tactique, ou tactique des grandes unités. C'est, dans une certaine mesure, la science des commandants de corps d'armée, qui ont à déterminer l'emploi de leurs divisions d'infanterie, de leur artillerie de corps, de leur cavalerie, pour atteindre un but déterminé; mais c'est surtout l'art du général en chef qui a à déterminer le rôle de chacun de ses corps d'armée dans la bataille, à prescrire le jeu de ses réserves et à les faire intervenir en temps opportun et dans les conditions les plus favorables.

Les deux premières parties de la tactique sont nettement distinctes de la stratégie, mais la troisième, celle que nous appelons la grande tactique, y touche de très près.

Elles sont l'une et l'autre du domaine du général en chef et il n'est pas sans intérêt de les délimiter d'une manière précise.

Tant que les armées adverses ne sont pas en contact, la tactique n'est pas en jeu, mais pour que son rôle commence, il ne suffit point que les armées soient en présence.

Deux armées qui s'observent et se tâtent ne font pas de grande tactique. Elles peuvent livrer de petits combats d'avant-postes, mais ler ôle de la tactique n'intervient pour le général en chef que quand il veut livrer bataille et quand il prend ses dispositions pour attaquer son adversaire ou recevoir son choc.

C'est la volonté du chef qui donne à ces dispositions leur véritable caractère; mais il peut arriver que des dispositions tactiques n'amènent pas la bataille, tandis qu'au contraire, elle ait lieu sans avoir été prévue.

Je suppose deux armées en présence: l'un des chefs a pris toutes ses dispositions d'attaque pour le lendemain. A l'aube, l'exécution commence; mais il se trouve que pendant la nuit l'ennemi s'est dérobé, il n'a laissé que quelques arrière-gardes, qui elles-mêmes se retirent en évitant de s'engager. La bataille prévue n'a pas lieu, mais il n'en est pas moins vrai que le général en chef de l'armée assaillante avait fait de la grande tactique. Au contraire, le général en chef, mal renseigné sur la situation de l'ennemi, a prescrit une concentration sur une position où il ne croit pas son adversaire en nombre, mais il se trouve que pendant la nuit ou pendant la matinée suivante, l'ennemi a, de son côté, réuni sur cette position de nombreuses forces. La bataille pourra s'engager; néanmoins, les ordres de concentration étaient d'ordre stratégique et le rôle de la tactique ne commencera que quand le général en chef prendra ses dispositions pour engager la lutte. Les mouvements prescrits aux IIIe et X^e^ corps prussiens pour le 16 août 1870 étaient du ressort de la stratégie, le rôle de la tactique n'a commencé que quand, se trouvant en présence des troupes françaises, les chefs des corps allemands ont pris leurs dispositions pour l'attaque.

Mais si la stratégie et la tactique ont des objets distincts, elles ne sont pas indépendantes l'une de l'autre. Le succès d'une concentration, par exemple, dépendra de l'issue des combats que l'on pourrait avoir à livrer pendant qu'elle s'exécute.

Dans ces conditions, la tactique est un des moyens de la stratégie, mais il n'en est pas nécessairement ainsi, car dans bien des circonstances on peut exécuter une concentration sans avoir aucune résistance à surmonter.

Une manœuvre ne réussira que si l'on peut tenir sur certaines positions assez longtemps pour la couvrir. Or, il est clair que le perfectionnement des armes intervient dans la valeur défensive des positions et par suite il est fort possible qu'une opération bien conçue il y a cent ans ne puisse qu'échouer aujourd'hui sur le même terrain et avec les mêmes effectifs.

C'est ainsi que les progrès de l'armement qui ont une influence directe sur la tactique peuvent modifier en même temps d'une manière indirecte la valeur de certaines opérations stratégiques.

Aux approches de la bataille, la stratégie et la tactique peuvent être simultanément en jeu.

Par exemple, le mouvement des Allemands dans la matinée du 18 août est un mouvement stratégique qui a pour but de reconnaître l'ennemi ; mais l'éventualité de la rencontre de l'armée française amène les Allemands à prendre pour chaque corps une formation spéciale qui est choisie en vue du combat. C'est une formation préparatoire de combat, et le fait qu'on est en marche ne lui ôte pas son caractère tactique. L'idée de la marche en échelons est une idée stratégique, la formation des corps d'armée en masse est une idée tactique.

Ainsi, dans l'exécution de certains mouvements stratégiques, la tactique joue son rôle.

Inversement en établissant le plan de la bataille qui est une question de grande tactique, on peut souvent tenir compte de considérations stratégiques.

Si les dispositions que l'on prend n'ont pour but que d'avoir raison de la résistance de l'ennemi, de l'amener à céder le terrain de la lutte ou de briser son choc dans le cas de la défensive, la tactique seule est en jeu. Mais si de plus on a en vue par la bataille de modifier la situation de l'armée ennemie sur le théâtre des opérations, de rompre les communications de l'un de ses corps avec sa base ou bien les communications de deux corps entre eux, alors le point de vue stratégique intervient dans le plan de la bataille, mais jamais dans son exécution, laquelle est toujours exclusivement une question de tactique.

Ainsi à la bataille d'Austerlitz, l'idée de percer le centre de l'armée austro-russe est une idée stratégique. Napoléon ne choisit pas le plateau de Pratzen parce qu'il est plus accessible qu'une autre partie du champ de bataille, mais parce que c'est la seule manière de rompre l'armée ennemie. Mais le rôle de la stratégie ne va pas plus loin. Toutes les dispositions que Napoléon prend pour la bataille, le rôle de chaque corps d'armée, leur entrée en action, le choix du moment de l'attaque décisive, l'intervention des réserves, tout cela est de la grande tactique.

D'après cette manière de voir, on peut concevoir qu'une même manœuvre de champ de bataille procède de la stratégie et de la tactique ou seulement de cette dernière, suivant le but que l'on vise. Ainsi en manœuvrant dans l'ordre oblique, si Frédéric n'a pour but que d'accabler plus facilement une partie de la ligne ennemie, la tactique seule est en jeu; mais si de plus il se propose de couper les communications de l'ennemi, alors le point de vue stratégique intervient.

Dans le fait, c'est la tactique qui détermine toujours sa manœuvre; mais il a recueilli en même temps quelquefois des résultats stratégiques.

Il résulte de ces observations qu'en établissant un plan de bataille, on doit le plus souvent tenir compte à la fois de considérations tactiques et de considérations stratégiques, surtout en ce qui concerne le choix du point de l'attaque décisive. Les premières conduisent à attaquer le point le plus facile à enlever, les autres celui dont la possession aura les plus grandes conséquences.

Mais alors même que le plan de la bataille procède plus ou moins d'une idée stratégique, l'établissement de ce plan aussi bien que son exécution est une question de tactique. Il ne suffit pas de dire : je coupe et j'enveloppe; autrement M. de Freycinet pouvait faire un plan de bataille aussi bien que Napoléon. Mais il faut indiquer avec précision comment on s'y prendra pour atteindre le but que l'on vise et de plus diriger l'exécution des dispositions que l'on a arrêtées. Or, toutes ces dispositions sont d'ordre tactique, c'est la part du général en chef dans la bataille, et c'est ainsi que le grand général, après avoir amené la bataille dans des conditions favorables par ses bonnes combinaisons stratégiques, est ensuite appelé à intervenir sur le champ de bataille en y montrant ses qualités de tacticien.

Mais il fait seulement de la grande tactique qui, comme la stratégie, est une question de conception et de direction; c'est pour cela que certains auteurs ont désigné cette partie de la tactique par l'expression de *stratégie de combat*. J'ai à peine besoin de dire que je repousse complètement cette expression ; d'après les idées que je viens de développer, elle implique contradiction, puisque tout ce qui est relatif au combat appartient à la tactique et non pas à la stratégie.

Dans le plan de certaines batailles, le rôle de la stratégie est à peu près nul. C'était le cas de Marengo et celui d'Iéna, parce que ce rôle est terminé avant la bataille. Il ne s'agit plus de tourner ou de percer l'ennemi, c'est fait. Il s'agit seulement de le battre n'importe comment en l'empêchant de passer. On peut concevoir cependant que, dans une semblable situation, il reste encore quelque chose à faire à la stratégie : ce serait de cerner l'ennemi sur le champ de bataille. C'est ce qu'ont obtenu les Allemands à Sedan, mais il faut pour cela une grande supériorité numérique.

Dans de pareilles conditions, la situation pourrait se dénouer par la stratégie seule sans que la tactique ait un rôle à jouer. A Sedan, l'armée française ne faisant aucun mouvement pour se dégager, les Allemands pouvaient la cerner sans engager le combat, puis attendre. L'armée française n'aurait pas posé les armes sans essayer de se dégager; mais elle ne l'aurait fait que pour l'honneur, car elle était perdue avant d'avoir tiré un coup de fusil. Elle se trouvait anéantie par la stratégie seule. Dans le fait, le résultat n'a été obtenu que pendant la bataille, et jusqu'à 10 heures du matin l'armée française aurait pu manœuvrer pour se dégager. Elle aurait certainement réussi si elle eût commencé son mouvement sur Mézières dès la veille.

L'investissement est la seule manœuvre stratégique qui puisse amener le dénouement sans l'intervention de la tactique. Mais on voit par les observations précédentes que, même en mettant à part le cas de l'investissement, le rôle de la stratégie est d'autant moindre pendant la bataille qu'il a été plus décisif pendant la période qui précède. Quand on a obtenu un grand résultat stratégique avant la bataille, la tactique seule termine l'opération; elle complète et permet de recueillir les résultats préparés par la stratégie. Quand, au contraire, les armées se trouvent en présence dans des situations respectives également avantageuses, il faut encore, pour obtenir un grand résultat, que la stratégie intervienne dans le plan de bataille.

On doit donc reconnaître que dès, que les armées arrivent au contact, la stratégie et la tactique jouent simultanément leur rôle. On peut dire qu'elles se pénètrent, et c'est ce qui a conduit certains auteurs à soutenir qu'il n'y avait pas de différence entre elles. C'est une idée courante aujourd'hui, mais elle n'est point exacte. La stratégie et la tactique, tout en intervenant simultanément, restent cependant distinctes, et il est possible de répartager le rôle de l'une et de l'autre si l'on part de cette idée que le caractère des dispositions tactiques est d'avoir en vue le combat. Ce qui est très clair, c'est que dans le développement naturel des opérations militaires on est en pleine stratégie au début, et en pleine tactique à la fin. Il y a donc un moment où l'on passe de l'une à l'autre, et il n'est pas étonnant qu'à ce moment on soit amené à tenir compte de l'une et de l'autre; mais ce n'est pas une raison pour qu'on doive les confondre.

Il en est de même de toutes les sciences voisines : la géométrie, la physique et la chimie ont des objets nettement distincts; il n'en est pas moins vrai que si l'on veut étudier les propriétés extérieures d'un corps, il ne faut pas commencer par le mettre dans des conditions où il pourrait se dissoudre.

Avec cette manière de voir, on peut demander à quelle partie de l'art de la guerre il faut rattacher les marches, les cantonnements, les renseignements et le service de sûreté.

Ce sont les moyens de la stratégie, mais ce n'est pas l'essence même de la stratégie qui ne fait connaître que les directions à suivre ou les positions à occuper par les différentes fractions d'une armée sans indiquer toutes les mesures de détail que la commodité et la prudence exigent.

Tout cela constituait jadis une branche à part de l'art de la guerre, que l'on appelait *la logistique*. Je ne vois pas d'inconvénient à ce que l'on conserve cette division spéciale, mais je n'en vois pas non plus à ce qu'on considère la logistique ainsi entendue comme formant un chapitre particulier de la stratégie même.

C'est la science spéciale des officiers d'état-major, autrement dit la partie matérielle de l'art de la guerre, celle qui permet de réaliser les conceptions de la stratégie. Encore convient-il d'en fixer exactement les limites. La stratégie ne comprend pas seulement les grandes lignes d'un plan de campagne mais tout son développement journalier.

L'exécution des mouvements prescrits seule appartient à la logistique.

Ainsi, en 1806, Napoléon fait de la stratégie non seulement en arrêtant le choix de la ligne et de la base d'opération, mais aussi en prescrivant chaque jour les mouvements que les maréchaux ont à exécuter soit pour rechercher l'ennemi, soit pour être en mesure de le combattre avec avantage. L'exécution de ces mouvements est, au contraire, une question de logistique à résoudre dans les états-majors de chaque corps d'armée. Dans la concentration de l'armée, c'est l'état-major général qui fait de la logistique, c'est-à-dire qui prend les mesures nécessaires pour amener sur des positions et en suivant des directions que la stratégie a déterminées, la réunion des divers corps à une date fixée.

Napoléon, ayant ses idées à peu près arrêtées sur la zone de concentration de l'armée française, prescrit à Berthier d'étudier les itinéraires à suivre par chaque corps d'armée pour l'amener sur le point choisi. C'était une question de logistique essentiellement du ressort de l'état-major général. Mais Napoléon intervenait souvent directement dans la solution de ces questions quand elles présentaient de réelles difficultés. On sait les risques qu'il a courus en 1809 en abandonnant à Berthier le soin de diriger les mouvements de concentration de l'armée française. Mais il faut reconnaître que, dans cette circonstance, Berthier avait à résoudre non pas seulement un problème de logistique, mais une question de stratégie ; car il ne s'agissait pas seulement d'amener à un moment donné divers corps d'armée sur une position bien déterminée, mais aussi de modifier au besoin la zone même de la concentration, et c'est sur ce point que Berthier, qui n'avait rien compris aux instructions de Napoléon, a commis une erreur qui aurait pu avoir les plus graves conséquences. si l'Empereur, arrivant comme la foudre, n'eut trouvé rapidement le moyen de la réparer. En fait, Berthier n'étant qu'un officier d'état-major dans le sens le plus étroit de cette expression, il ne pouvait faire que de la logistique, et encore à condition que ce ne fût pas trop difficile. Quant à la stratégie, « vingt ans de guerre, dit Jomini, ne lui en avaient pas donné la moindre idée. »

En réalité, il n'avait presque jamais à en faire, et quoiqu'on tende aujourd'hui à soutenir le contraire, ce n'était pas dans son rôle. Et je pense qu'un général d'une réelle valeur et qui se sent vraiment capable de commander son armée, ne doit pas en faire faire par son chef d'état-major. Il peut le consulter sur des questions de détails, lui demander des renseignements de toute nature, mais à lui seul appartient la direction des opérations, au chef d'état-major le soin d'assurer l'exécution, sauf à présenter des objections que des difficultés matérielles pourraient soulever, et dont le général appréciera la valeur.

Ainsi la logistique, qu'on la considère à part ou qu'on la rattache à la stratégie, a un objet bien déterminé.

Il faut d'ailleurs remarquer que la tactique a aussi sa logistique, c'est-à-dire les moyens que chaque unité grande ou petite aura à employer pour remplir le rôle tactique qui lui est assigné dans la bataille. Cette logistique n'est en réalité que la manœuvre ou ce que l'on appelle la tactique de détail. Encore moins que pour la stratégie il convient d'en faire une branche à part.

En somme, je suis d'avis que si l'on se met exclusivement au point de vue des opérations militaires, l'art de la guerre doit comprendre deux grandes divisions : la stratégie et la tactique, bien distinctes l'une de l'autre par leurs éléments et par leurs objets, mais qu'il ne doit en comprendre que deux, les éléments que l'on pourrait mettre à part, devant de préférence être rattachés à l'une ou à l'autre ; toutefois, je ne vois aucun inconvénient à ce qu'en étudiant la stratégie on emploie le mot de logistique pour désigner cette subdivision, qui aura spécialement pour objet l'étude des moyens, et de même, bien entendu, pour le chapitre analogue de la tactique.

Il faut bien remarquer qu'en n'envisageant que la stratégie et la tactique, nous nous mettons au point de vue spécial des opérations, et que cela ne comprend pas tout l'art de la guerre. Il y a en outre à considérer la politique de la guerre, les causes morales, la préparation de la guerre ; mais pourquoi comprendre ces subdivisions dans la stratégie, comme l'école allemande, depuis Clausewitz, a toujours tendu à le faire ? Avec cette manière de voir on devrait entendre par stratégie tout l'art de la guerre, sauf la tactique qui a pour objet le combat, et cela en raison de l'étymologie du mot stratégie. Cette raison ne me paraît pas suffisante, car il arrive souvent que les mots, tout en conservant leur sens originel dans ce qu'il a de caractéristique, sont employés avec des acceptions plus ou moins larges suivant les époques.

Quel que soit le nom qu'on lui donne, il y a certainement une partie de l'art de la guerre qui a pour objet les mouvements des armées sur le théâtre des opérations et en dehors du champ de bataille. Cette idée simple et nette correspond bien à un ensemble d'opérations dont le cadre est parfaitement limité. Il est donc rationnel de la considérer comme une branche à part, et c'est à cette branche spéciale qu'il convient de donner le nom de stratégie, puisque, alors même que l'on emploie ce mot dans un sens plus large, elle en est cependant la partie principale.

Quant aux autres parties de l'art de la guerre, dont je parlais plus haut, elles ont chacune aussi leur objet propre et je suis bien loin d'en nier l'importance ; mais je ne vois pas de raison pour les confondre avec la stratégie proprement dite. Puisque l'on commence par faire une branche à part de la tactique, il n'y a qu'avantage à faire de même pour la stratégie, qui, elle aussi, a son objet spécial, défini par Jomini et tous les grands écrivains de son époque. A ce sujet, les perfectionnements et les progrès apportés depuis cinquante ans dans les moyens de la guerre ne peuvent rien changer, car il s'agit de l'essence même de la guerre.

La stratégie ainsi comprise aura un champ plus limité, mais en même temps bien plus net, et il sera facile de l'étudier sans craindre de tomber dans la confusion et la contradiction.

Au fond, l'art de la guerre n'a qu'un but : la victoire. Or, le gain des batailles ne dépend que de deux choses : les moyens dont on dispose et la manière de s'en servir. Les moyens sont l'objet de perfectionnements et de modifications incessants ; on cherche à y utiliser tous les progrès des sciences. L'homme lui-même, qui est le principal élément, n'est pas immuable. Il suit à sa manière la loi des progrès, en s'affaiblissant physiquement et en devenant de plus en plus soucieux de son bien-être, et, par suite, de moins en moins capable de supporter les fatigues et les privations.

Quant à la manière de se servir des moyens, elle comprend deux grandes divisions qui ont toutes les deux pour objet la direction des armées, mais l'une sur le champ de bataille, l'autre en dehors du champ de bataille. La première est la tactique, la seconde est la stratégie. Mais il faut bien entendre que la stratégie n'a pas seulement pour objet de pousser les forces à la bataille, mais aussi de les y amener dans des conditions avantageuses, par exemple de s'emparer des communications de l'ennemi avant de l'attaquer, de se jeter au milieu de ses corps mal concentrés pour achever de les disjoindre, et afin de pouvoir les combattre ensuite séparément. Il est bon que la définition comprenne l'idée de ce but essentiel de la stratégie.

Nous dirons donc, en définitive et en modifiant quelque peu les définitions de Jomini :

Que la stratégie est l'art de diriger les mouvements des armées sur le théâtre des opérations, de manière à amener la bataille dans les conditions les plus avantageuses, tant au point de vue du nombre que sous le rapport des situations respectives des deux armées;

Que la tactique est l'art de diriger les mouvements des armées sur le champ de bataille, de manière à utiliser pour le mieux les propriétés des armes et celles du terrain.

Il est certain que ces définitions sont aussi simples que justes, elles mettent bien en relief les objets de la tactique et de la stratégie dans ce qu'elles ont d'essentiel, et il est facile de les rattacher à ce que Jomini présente comme le principe fondamental de l'art de la guerre, qui est de réunir sur le point décisif des forces supérieures à celles de l'ennemi.

Le grand stratégiste, en effet, est bien celui qui réunit des forces supérieures sur le champ de bataille en menaçant les communications de l'ennemi tout en assurant les siennes; le grand tacticien, celui qui les réunit sur le point du champ de bataille où il a le plus de chance d'avoir raison de son adversaire, et en lui causant le plus grand dommage possible. Cette manière de présenter la théorie de la guerre suffit à déterminer l'idée maîtresse qui devra dominer dans la direction de toute opération stratégique ou tactique. Voilà donc un système logique qui se tient dans toutes ses parties. Il me semble que plus on le considère, plus on doit en apprécier le mérite, non seulement en raison de sa valeur intrinsèque, mais surtout à cause de sa supériorité sur toutes les théories par lesquelles on a essayé de le remplacer et qui sont aussi compliquées qu'il est simple, aussi artificielles qu'il est naturel, aussi confuses qu'il est net, et qui, en somme, sous prétexte de perfectionner l'art de la guerre, n'aboutissent qu'à sa négation. Il n'est d'ailleurs pas étonnant qu'après avoir méconnu le caractère propre de la stratégie, on en rejette tous les principes. Ceux que Jomini et l'archiduc Charles ont établi après vingt ans de guerre sont, pour nos novateurs, des enfantillages. Pour un peu même, on rendrait Jomini responsable de nos désastres de 1870. Ce serait lui qui aurait inspiré Bazaine à Metz et M. de Freycinet sur la Loire. La vérité est, au contraire, que pendant toutes les périodes de cette malheureuse guerre, les principes n'ont cessé d'être violés, et ce n'est pas en voulant s'avancer sur un terrain sans consistance que l'on peut espérer mieux faire.

Il est donc utile d'accorder de nouveau aux études stratégiques l'importance qu'elles méritent. Mais avant d'entrer au cœur du sujet, il ne suffit pas d'en avoir indiqué l'objet, il est essentiel également de bien arrêter ses idées sur la méthode qu'il convient de suivre pour tirer de ces études tout le fruit que l'on peut en attendre, et c'est cette question que nous allons maintenant examiner.

L'ENSEIGNEMENT DE LA STRATÉGIE.

Toute science débute par des définitions ; avant d'étudier les propriétés des objets, il faut savoir de quoi il s'agit. La stratégie n'échappe pas à cette nécessité logique.

Après avoir indiqué d'une manière générale l'objet de la stratégie elle-même, il faut donc en définir les éléments essentiels. Or, cet objet étant limité à la conduite des opérations en dehors du champ de bataile, ses éléments ne sont que deux sortes : les directions à suivre, les positions à occuper. On aura à expliquer ce qu'on entend par lignes et par bases d'opération, par lignes de défense et positions stratégiques, par lignes de communication, etc. La définition de ces expressions formera donc le premier chapitre de la stratégie que j'intitulerai : *les éléments de la stratégie.*

On passera ensuite à l'étude des *principes*. J'entends par là les règles d'après lesquelles on doit combiner les éléments de la stratégie dans la conduite d'une opération militaire. Quelles conditions doit-on rechercher en choisissant ses lignes et ses bases d'opérations ? Comment doit-on exécuter une concentration ? Toutes les questions de cette nature doivent être comprises dans le chapitre des principes. Il suffit de le signaler pour faire comprendre que c'est la grande question de la stratégie, on peut dire son essence même, et que c'est dans l'application de ces principes que l'on reconnaîtra le grand général.

Enfin, après l'étude des principes viendra l'étude des *moyens* de la stratégie. Par cette expression, je veux dire les procédés qui servent à déterminer les combinaisons de la stratégie et à en assurer l'exécution.

Ce sont les renseignements qui sont nécessairement la base de toute combinaison : renseignements du temps de paix au sujet de l'organisation de l'armée ennemie et de l'état de ses frontières ;

renseignements du temps de guerre que l'on obtient par des reconnaissances.

Ce sont encore les marches, les cantonnements, les ravitaillements, le service de sûreté qui sont les moyens de réaliser les combinaisons stratégiques avec l'ordre et le calme nécessaires.

Ainsi, d'après ce que je viens de dire, l'étude de la stratégie comprend trois divisions principales qui ont respectivement pour objets ce que j'appelle les *éléments*, les *principes* et les *moyens*.

Examinons maintenant quelle marche il convient de suivre dans l'étude de chacune d'elles.

Pour les *éléments*, il ne s'agit que de définitions. On devra s'efforcer de les présenter aussi claires et précises que possible. C'est un sujet d'une réelle importance. « A la guerre, dit Napoléon, il faut d'abord bien établir la langue pour s'entendre, car c'est faute de cela qu'on prend une chose pour une autre. »

La nécessité de bien établir les définitions n'a jamais été plus impérieuse qu'aujourd'hui, car c'est justement en voulant faire de la conception et de l'exécution des opérations le caractère distinctif de la stratégie et de la tactique, c'est-à-dire en mettant à la base même de l'enseignement des définitions arbitraires, que l'on a créé la confusion des idées qui règne à l'heure actuelle. Afin de bien expliquer le sens des mots en usage pour désigner les éléments de la stratégie, je crois qu'il sera bon d'appuyer les définitions proprement dites d'exemples historiques, mais seulement pour bien montrer de quoi il s'agit, et sans essayer de mettre en évidence les conditions que l'on doit rechercher dans l'un ou l'autre de ces éléments.

Ainsi en parlant des lignes et des bases d'opérations on pourra citer certains exemples capables de bien montrer leur rôle, mais sans présenter ces exemples comme des modèles et sans essayer de faire ressortir leurs qualités ou leurs défauts. Le chapitre des éléments exigera donc surtout un esprit net et logique, mais nullement un sens stratégique très développé; j'entends par là la tournure d'esprit qui est nécessaire pour concevoir au besoin des opérations justes, ou pour faire une critique judicieuse des événements du passé.

L'étude des *principes* constitue la partie la plus élevée de la stratégie, on peut dire même de l'art de la guerre. Il s'agit en somme de mettre en relief les lois de la guerre, c'est-à-dire de relier la victoire à ses causes. *Pour faire cette étude*, deux méthodes sont en présence : la méthode rationnelle et la méthode historique.

Dans la première, on se propose, en partant des propriétés des moyens de la stratégie, d'arriver, par des raisonnements *à priori*, aux règles à suivre pour en tirer le parti le plus profitable ; dans la seconde, on se met en présence des événements du passé, on cherche, en les analysant, à trouver les conditions des succès ou des défaites, autrement dit, à saisir les lois de la guerre. L'une est la méthode déductive ou des sciences exactes ; l'autre, la méthode inductive qui est celle des sciences d'expérience et d'observation. Mais avant de choisir entre ces deux méthodes, une première question se pose, qu'il faut commencer par résoudre. Les principes existent-ils réellement ? Y a-t-il vraiment, dans la conduite des opérations militaires, des règles dont l'application donne sinon la certitude, du moins de grandes chances de vaincre, dès qu'on dispose de moyens comparables à ceux de ses adversaires ? Ou bien n'est-il pas plus juste de penser que les succès ou les défaites dépendent de circonstances qui échappent à tous les calculs et que, dans beaucoup de cas, sa sacrée Majesté le Hasard, à laquelle le grand Frédéric s'est plu à rendre hommage, vient bouleverser les plus savantes combinaisons.

Sans nier le rôle du hasard à la guerre, je crois cependant qu'il n'est pas si considérable que le roi de Prusse voudrait bien le faire entendre, et qu'il ne fait jamais que modifier légèrement le résultat logique des dispositions prises par les chefs d'armée. Frédéric lui-même serait le premier la preuve de cette vérité; car, à coup sûr, ce n'est pas par hasard que, pendant 7 ans, il a tenu tête aux forces de la France, de l'Autriche et de la Russie coalisées contre lui. Aussi, quoi qu'il s'agisse d'un ennemi, ne peut-on s'empêcher d'admirer le caractère imperturbable et l'habileté profonde de cet homme qui, à peine remis de la défaite de Kollin, court battre Soubise à Rosbach avec des forces deux fois plus faibles que les siennes, pour revenir ensuite gagner sur le prince de Lorraine l'immortelle victoire de Leuthen, malgré une plus grande disproportion de forces encore.

Et que dire de l'influence personnelle de Napoléon ! Tandis que nous luttions péniblement sur les Alpes depuis quatre ans, dès qu'il apparaît à la tête de l'armée d'Italie, tout plie devant lui; en deux mois le nord de la Péninsule est à nous. Ensuite, malgré les efforts quatre fois renouvelés de l'Autriche, Bonaparte réussit à conserver sa conquête et à prendre Mantoue. Au commencement de la seconde coalition, Bonaparte est en Égypte, nous sommes battus partout : à droite, nous sommes rejetés sur les Alpes ; à gauche, sur le Rhin. Bonaparte revient : la situation se transforme, Marengo et Hohenlinden sont les résultats de la campagne de 1800 Singulière puissance que celle du hasard qui se manifeste toujours au moyen des mêmes instruments ! Ce qui est vrai, c'est qu'à la guerre le génie des chefs domine tout. Et qu'est-ce que le génie, si ce n'est un bon sens supérieur, qui fait voir clair là où les autres ne trouvent que de la confusion.

Mais, dira-t-on peut-être, tout cela prouve bien qu'il faut de grandes qualités pour conduire les armées, mais nullement qu'il existe des règles précises et formelles dont il soit nécessaire de tenir compte. Pour répondre à cette objection, le mieux est de rechercher l'avis des grands généraux sur l'importance des principes. Or, soit dans le cours de ses campagnes, soit dans ses écrits postérieurs, Napoléon n'a pas cessé d'en proclamer la puissance. Il a exprimé un jour ses idées à ce sujet dans une conversation restée célèbre qu'il a eue à Dresde avec le maréchal Gouvion-Saint-Cyr, pendant la campagne de 1813. Il soutenait que, s'il en avait le temps, il ferait un livre où les principes seraient mis en évidence et à la portée du plus grand nombre.

Vingt ans de guerre l'avaient donc confirmé dans les idées que dès sa jeunesse il s'était faites des lois de la guerre, et, tout en faisant la part de l'imprévu, il était convaincu que la victoire dépend en grande partie de l'observation des règles. Prétendre le contraire, c'est confondre les principes avec leur application, et c'est en raison de la même confusion que beaucoup de gens se demandent si la guerre est un art ou une science. On doit penser qu'elle est l'un et l'autre. C'est une science par ses principes et un art par l'application qu'il convient d'en faire. Mais il en est de même de la peinture et de la musique. Or, s'il est vrai qu'il ne suffit pas de connaître les règles de l'harmonie ou de la perspective pour composer un opéra ou peindre un tableau, il ne l'est pas moins que, si bien doué que l'on soit par la nature, on ne saurait prétendre devenir un grand peintre ou un grand musicien si l'on ne possédait les connaissances positives qui sont la base de la composition des chefs-d'œuvre.

Il en est de même de la stratégie; ce qui est l'art, c'est l'application des principes qui varie avec toutes les circonstances de la guerre. Mais on doit reconnaître en même temps que ces principes existent et que, par leur ensemble, ils forment les données sur lesquelles doit reposer la conception de toute opération militaire et dont l'étude est l'objet même de la stratégie.

Reste à savoir quelle est, des deux méthodes en présence, l'une dite rationnelle, l'autre que l'on peut appeler expérimentale, celle qu'il faut préférer pour étudier ces principes.

En cherchant à faire un choix entre ces deux méthodes, on peut remarquer de suite que si les théoriciens qui ne sont que théoriciens sont divisés sur les avantages de l'une ou de l'autre; au contraire, ceux qui avant d'avoir écrit sur l'art de la guerre ont conduit eux-mêmes avec succès de grandes opérations militaires ou y ont participé, sont tous du même avis.

Frédéric ou Napoléon, l'archiduc Charles ou Jomini, Gouvion-Saint-Cyr ou Marmont sont tous d'accord pour proclamer la supériorité de la méthode historique.

« Le moyen le plus propre à développer les rapports intimes de la théorie avec la pratique, dit l'archiduc Charles, est de puiser les bases de l'expérience dans l'histoire de nos temps. »

« De toutes les théories de l'art de la guerre, dit Jomini, la seule raisonnable est celle qui, fondée sur l'étude de l'histoire, admet un certain nombre de principes régulateurs, mais laisse au génie naturel la plus grande part dans la conduite d'une guerre, sans l'enchaîner par des règles exclusives.

« Au contraire, rien n'est plus propre à tuer le génie naturel et à faire triompher l'erreur que ces théories pédantesques, basées sur la fausse idée que la guerre est une science positive dont toutes les opérations peuvent être réduites à des calculs infaillibles. »

« Si l'on me demande, dit Gouvion-Saint-Cyr, où les généraux en chef trouveront le complément de l'instruction qui leur est nécessaire, et que ne pourrait suppléer le génie même dont ils seraient pourvus, je répondrai qu'après avoir acquis les connaissances qui constituent les deux premières parties de la guerre, c'est-à-dire le métier et la science, ils ne pourront trouver ce qui leur manque encore que dans l'étude approfondie de l'histoire des guerres anciennes et modernes, mais particulièrement de ces dernières. »

« Les premières leçons de la guerre, dit Rüstow, se trouvent dans l'histoire. Le récit d'une guerre contient le but des opérations, leur plan et son exécution, puis le résultat renferme déjà tout un système. Le lecteur compare la semence et la récolte, les faits et leurs conséquences. »

« Lisez, relisez sans cesse, dit enfin Napoléon, les campagnes d'Annibal et de César, de Gustave-Adolphe et de Turenne, du prince Eugène et de Frédéric. C'est le seul moyen de devenir grand capitaine et de surprendre les secrets de l'art de la guerre. »

Et autre part il montre combien l'étude des campagnes est supérieure à tous les traités didactiques.

Cette unanimité de tous les grands hommes de guerre est, à mon avis, décisive, et, en présence de cette unanimité, on ne s'explique même pas comment certains écrivains qui n'ont jamais gagné de bataille peuvent avoir la prétention de soutenir la thèse opposée.

On pourrait à la rigueur se dispenser de discuter leur opinion, car, après tout, l'art de la guerre n'a qu'un but, c'est la victoire. Quelque spécieux que soit un raisonnement, quelque séduisante que soit une théorie, ils n'ont aucune valeur, s'ils ne rendent pas compte des événements du passé, et lorsque tous ceux qui ont conduit avec succès de grandes opérations militaires affirment qu'il n'y a qu'un moyen de se pénétrer des principes de l'art de la guerre, il n'est pas permis de contester leur opinion.

Cependant quelques théoriciens n'ayant jamais fait la guerre que dans des situations effacées recommandent la méthode rationnelle. Parmi les plus récents se trouve le colonel Blume.

Mais les résultats auxquels il est arrivé ne sont certainement pas faits pour la recommander. Si son ouvrage, en effet, est rempli d'observations judicieuses et est utile à méditer par ceux qui prétendent au commandement des armées, il est certain qu'on n'y rencontre aucun des principes qui, par leur ensemble, forment le fond de la stratégie. On n'y parle pas des bases ni des lignes d'opérations, de la manière dont il convient de les choisir, des concentrations ni des règles auxquelles elles doivent être assujetties. En somme, après avoir indiqué quel est l'objet de la stratégie, l'auteur ne montre nullement quels sont les principes à suivre pour atteindre cet objet, car l'étude des moyens qui constitue une des parties du livre n'est pas le fond même de la stratégie, et l'étude de l'emploi de ces moyens renferme bien en réalité quelques considérations fort justes sur l'utilité de l'initiative, sur les avantages de l'offensive ou de la défensive, sur l'importance de la ligne de retraite naturelle ; mais les conclusions auxquelles elles conduisent sont trop générales pour être confondues avec les principes de la stratégie. Serait-ce que le colonel Blume ne croit pas à ces principes et qu'il n'attache aucune valeur à ceux que ses devanciers ont essayé d'établir ? On pourrait le croire à de nombreux passages de son ouvrage et notamment à celui-ci tiré du chapitre consacré à la définition et à l'objet de la stratégie :

« La stratégie est un art; elle suppose des connaissances multiples; mais, par suite de son essence même, elle ne peut être une science. » On voit que c'est exactement le contraire de ce que dit l'archiduc Charles.

Si l'auteur entend par là que les principes de stratégie ne sont ni absolus ni étroits, et qu'il ne suffit pas de les connaître pour les bien appliquer, nous n'hésitons pas à être de son avis. Mais s'il veut dire de plus que ces principes n'existent pas, et que ceux que l'on présente comme la base des combinaisons militaires n'ont aucune valeur, nous ne saurions, sous aucun prétexte, le suivre dans cette voie.

En somme, nous dirons de l'ouvrage du colonel Blume que c'est, comme celui de Clausewitz, une étude philosophique sur les lois de la guerre d'un intérêt réel, mais qu'il n'y faut pas chercher l'énoncé ni la raison des principes de la stratégie, car on n'y trouvera presque rien des règles à suivre dans la conduite des armées.

A notre avis, il ne faut pas s'étonner du manque de précision qui caractérise les conclusions de cet ouvrage. C'est la conséquence naturelle de la méthode dite rationnelle. Comment veut-on trouver les lois de la guerre, si l'on n'a pas devant soi les opérations des grands capitaines ? On se met dans le cas d'un savant qui voudrait trouver les lois de l'astronomie sans étudier les mouvements des astres. Mais ce qui me paraît surprenant, c'est que le colonel Blume ait fait choix de cette méthode, car il me semble qu'il y a contradiction complète entre elle et ses idées générales sur l'art de la guerre.

Que ceux qui croient à la valeur absolue des principes cherchent à les déduire de l'étude des moyens et des propriétés des forces en présence, rien de plus logique; mais il nous semble, au contraire, que ceux qui n'attachent de valeur aux principes de la stratégie que par l'application qu'on en fait, doivent être naturellement conduits à la méthode historique; car c'est l'étude des procédés déjà suivis pour vaincre qui seule pourra nous faire connaître les conditions du succès, parce que, tout en mettant en relief les principes, elle nous montrera au juste ce qu'ils valent en nous faisant voir, par une critique judicieuse, comment certains généraux ont été vainqueurs en s'écartant de ces principes, tandis que d'autres ont été battus en essayant de les appliquer.

Quelques années après l'ouvrage du colonel Blume, le prince de Hohenlohe a publié ses *Lettres sur la Stratégie*. Tout en rendant hommage au livre de son devancier, il n'hésite pas à employer résolûment la méthode historique. « J'étudierai, dit-il dans sa première lettre, un certain nombre de campagnes, de façon à grouper tous les exemples et à en tirer les leçons les plus complètes et les plus suivies. » On ne doit pas s'étonner qu'il ait adopté cette méthode sans hésitation, car il s'agit d'un véritable homme de guerre qui avait fait avec distinction les guerres de 1866 et de 1870. Il ne pouvait que suivre la voie ouverte par les généraux écrivains de la période napoléonienne.

En France, la grande majorité des auteurs militaires se sont prononcés pour la méthode historique. Toutefois, le général Lewal est un partisan résolu de la méthode rationnelle.

Je n'essayerai pas ici de discuter sa manière de voir, d'abord parce que ce serait un peu long et ensuite parce qu'il me semble superflu d'entrer à ce propos dans de nouveaux développements, car il s'agit en somme d'une question qui a été résolue par tous les vrais hommes de guerre avec toute la netteté désirable et dans le même sens.

En revenant sur ce sujet, on ne doit donc avoir pour but que de savoir au juste comment on doit entendre les études historiques et quel est le caractère de l'enseignement que l'on peut en attendre.

Ainsi que je l'ai fait remarquer dans l'étude des éléments de la stratégie, on peut déjà faire appel à l'histoire, mais seulement pour expliquer les définitions et sans chercher à analyser ou à juger les événements.

L'étude de l'histoire appliquée à la recherche des principes a une tout autre portée. Ce doit être une analyse des événements rattachant rigoureusement les causes aux effets et capable de conduire aux règles à suivre. Pour arriver à ce résultat, il faut éviter d'aborder l'étude des campagnes avec des idées préconçues et de vouloir les juger au moyen de formules toutes faites ou de théories artificielles n'ayant de rigoureux que l'apparence, mais au fond dépourvues de valeur parce qu'elles reposent sur des données incertaines ou des raisonnements incomplets. Il faut, au contraire, toujours envisager les événements en eux-mêmes et se demander comment, dans la circonstance particulière que l'on considère, on a obtenu la victoire d'un côté et subi la défaite de l'autre.

Ensuite, on devra se garder de généraliser trop vite et de croire que des moyens qui ont réussi dans quelques campagnes sont toujours bons. On ne devra se considérer comme en possession d'une loi qu'à la condition qu'elle rende compte de tous les grands événements, et, s'il y a des exceptions, encore faudra-t-il être en mesure de les expliquer.

C'est là en somme la méthode de toutes les sciences d'observation qui diffère par tous ses procédés de celle des sciences exactes, mais qui n'en est pas moins très nettement distincte de l'empirisme.

Pour l'art de la guerre, elle seule a une vraie valeur, et il ne faudrait en accorder aucune à une théorie qui ne rendrait pas compte des victoires et des défaites du passé et ne ferait pas ressortir ensuite la probabilité qu'il y a que, dans l'avenir, les mêmes résultats soient encore obtenus par les mêmes causes.

Et à supposer que les transformations apportées dans les moyens matériels de la guerre dussent conduire aussi à en modifier les principes, ce serait encore en prenant pour point de départ les doctrines du passé que l'on aurait le plus de chances d'arriver à une nouvelle théorie plausible et non pas en essayant de l'établir de toutes pièces. Car, en somme, si les canons et les fusils portent plus loin, si les chemins de fer permettent d'aller plus vite, il s'agit toujours des feux et des mouvements des armées, et si les moyens sont plus parfaits, plus puissants, ils sont toujours de même nature. Et si la guerre de l'avenir ne doit pas être la copie exacte du passé, elle s'y rattachera cependant par bien des points, et, pour se faire une idée exacte des conditions qu'elle devra réaliser, il n'y aura certainement pas de meilleur moyen que d'essayer d'établir une comparaison avec les conditions des guerres antérieures.

Les études historiques ayant pour but la recherche des principes de la stratégie doivent donc être faites d'un point de vue très particulier, et il est essentiel en même temps de ne pas donner aux conséquences que l'on en tirera une portée qu'elles ne peuvent avoir.

Il ne faut pas croire qu'il suffise de connaître les principes pour être un grand général, car de la théorie à la pratique il y a loin. Jomini, accusé de dogmatisme par ceux qui ne l'ont pas lu ou qui ne l'ont pas compris, appréciant les qualités à rechercher chez un général en chef, ne met le savoir qu'en troisième ligne après le caractère ou courage moral et après le sang-froid ou courage physique.

Quant à Napoléon, on sait comment il appréciait la valeur des principes : « Ce n'est pas, dit-il, dans la grammaire que l'on apprend à faire un chant de l'Iliade ou une tragédie de Corneille. »

Il y a dans l'art de la guerre, comme il le dit autre part, la partie divine et la partie matérielle, et la première ne s'apprend pas. Aussi, tout en prétendant que les principes pouvaient être compris par beaucoup de bons esprits, il savait que ceux qui étaient capables de les appliquer étaient en bien petit nombre. Autrement, comme il le disait encore, appréciant l'œuvre de Jomini comme elle le méritait, il ne l'aurait pas laissé publier, s'il avait suffi de s'en pénétrer pour devenir un grand général.

Quant au livre dont il parlait au maréchal Gouvion-Saint-Cyr, à Dresde, on peut dire qu'il l'a fait en grande partie à Sainte-Hélène. L'œuvre est peut-être incomplète, mais elle a bien la forme que Napoléon lui aurait conservée s'il avait eu le loisir de l'achever.

C'est un précis de quelques campagnes célèbres avec commentaires, et l'étude de la stratégie ne doit pas être autre chose. Ce que l'on peut faire seulement comme conclusion, c'est un exposé synthétique des principes que l'étude analytique des événements a fait reconnaître.

La méthode historique est d'autant plus nécessaire que ce qui caractérise les principes de l'art de la guerre et ce qui les distingue des lois des sciences physiques, de l'astronomie par exemple, c'est qu'ils ne sont pas absolus. Toutes les fois que l'on s'en écarte, on livre un avantage à son adversaire; mais s'il n'en profite pas, on a pu violer les règles sans subir aucun dommage. Or, la violation des principes n'a pas que des inconvénients, autrement on ne s'y laisserait jamais entraîner. C'est un atout dans le jeu de l'ennemi, mais qui n'empêche pas d'en conserver quelques-uns, et, si l'adversaire ne sait pas se servir de ses bonnes cartes en temps utile, on peut gagner la partie en jouant les siennes au bon moment.

Ainsi, la division des forces a pour inconvénient de s'exposer à se faire battre en détail; mais en général ceux qui s'y laissent entraîner espèrent arriver à envelopper l'ennemi, et, si celui-ci ne trouve pas le moyen de profiter des avantages qu'on lui livre, l'enveloppement réussira. C'est ce qui est arrivé à Leipzig et à Sadowa.

Faut-il conclure de ces exemples que le principe de la liaison des forces n'ait aucune valeur. Nullement, à notre avis; ce que ces exemples apprennent seulement, c'est que pour tirer parti de la division des forces opposées, il faut satisfaire à certaines conditions qui ont été négligées dans ces deux circonstances, et, par suite, que ceux qui ont violé les principes, ayant réussi à éviter les dangers de leur division, ont pu profiter des avantages de leurs dispositions sans en subir les inconvénients.

Mais on ne peut arriver à de semblables conclusions qu'à la condition d'étudier de près les événements, et ce n'est qu'ainsi qu'on verra pourquoi Napoléon a échoué en 1813, après avoir si brillamment réussi en 1796, et pourquoi, dans des conditions analogues, il put encore remporter de beaux succès en 1814.

Tout cela prouve que la valeur des principes n'est pas absolue et que l'on peut s'en écarter dans certaines circonstances, en raison de la nature du terrain sur lequel on opère et du caractère des généraux que l'on a devant soi.

La méthode historique seule peut faire ressortir ces nuances; la méthode rationnelle y serait absolument impuissante.

On peut même dire que cette dernière est un vrai danger pour ceux qui voudraient s'en contenter.

On a vu des généraux devenir habiles en se faisant battre. Il ne faut rien attendre de semblable des partisans de la méthode rationnelle. Ils se feront battre dix fois, en restant convaincus qu'ils avaient pris les meilleures dispositions pour être vainqueurs, et ils recommenceront le lendemain; se croyant en possession de vérités absolues et impeccables, ils seront incorrigibles. Le plus grand malheur d'un pays est de remettre ses destinées en de pareilles mains. Le grand général doit avoir une grande instruction et des qualités naturelles pour en profiter; mais s'il fallait sacrifier l'une ou l'autre, il serait préférable de renoncer au savoir pour conserver le bon sens supérieur et le coup d'œil, qui sont les premières qualités des grands capitaines.

L'emploi exclusif de la méthode rationnelle peut avoir une conséquence tout opposée, mais également fâcheuse, c'est de conduire à la négation des principes. Ceux qui n'ont employé que cette méthode pour les apprendre, venant ensuite à l'étude de l'histoire, y trouveront de nombreuses contradictions et, étant convaincus, en raison même de la méthode qu'ils ont suivie, que les principes ont une valeur absolue, ils ne pourront s'expliquer comment on les trouve si souvent en défaut. Et c'est ainsi que tant de militaires arrivent à ne plus croire à rien et alors se présentent à l'ennemi sans ce fil directeur qui, tant s'en faut, n'est pas tout, mais qu'il faut tenir cependant, si l'on veut donner aux opérations la suite logique que comportent la situation des armées en présence et la nature du pays sur lequel elles se trouvent. On trouvera peut-être que toutes ces considérations, pour mettre en évidence les avantages de la méthode historique, n'étaient pas nécessaires et que l'opinion de tous les grands capitaines était suffisante pour la recommander à l'exclusion de toute autre.

Ce qui est certain, c'est que les principes existent; l'histoire le montre avec évidence à ceux qui savent la comprendre, et l'on peut affirmer que ceux qui n'y voient que contradiction en ont fait une étude incomplète.

Pour trouver les causes des victoires et des défaites, il ne faut pas, en effet, s'en tenir aux vues d'ensemble d'une opération militaire.

Il est essentiel de bien comprendre que les résultats d'un plan de campagne ne sont pas contenus seulement dans sa conception générale, mais qu'ils tiennent avant tout à l'exécution, et, par exécution, il faut entendre non pas seulement les détails des combats ou des marches, mais les procédés par lesquels le général se propose de réaliser son plan, en raison de la résistance que chaque jour l'ennemi lui oppose et des difficultés qui en résultent.

Il nous semble que c'est bien dans ce sens qu'il faut comprendre ce mot de Napoléon : « La guerre est un art simple et tout d'exécution. »

Ce qui est simple, c'est la conception générale des opérations, parce qu'elle doit reposer sur certains principes clairs et précis qui sont le fond de la stratégie napoléonienne :

Assurer ses communications et menacer autant que possible celles de l'ennemi ; tenir toutes les fractions de l'armée bien liées ensemble et en mesure de se soutenir mutuellement;

Quand l'ennemi viole cette règle, en profiter pour attaquer et battre successivement ses corps séparés. Dans tous les cas, manœuvrer de manière à l'inviter à se désunir, pour saisir ensuite ses points faibles et produire la division de ses forces.

Dans la conception de ses opérations, Napoléon ne s'est jamais laissé guider par d'autres idées ; elles constituent le fond essentiel de son système de guerre. Il en a donné des exemples dans ses deux premières campagnes, en 1796 et 1800, et ensuite, il n'a fait que se répéter. Aussi est-ce avec raison que Jomini a pu dire qu'à partir de 1800, le système de guerre de Napoléon est complètement fixé. Et ce n'est pas le critiquer que de prétendre que ses opérations ultérieures ont toujours reposé sur les mêmes idées fondamentales, car Napoléon étant convaincu qu'il était en possession des vrais principes de la stratégie, il n'avait plus aucune raison de les modifier. Frédéric a agi en tactique comme Napoléon en stratégie. Prague, Kollin, Leuthen, Zorndorf, Kunersdorf sont des batailles qui, dans leur conception générale, reposent toutes sur le même modèle.

Il est donc vrai de dire que le système de guerre de Napoléon procède d'un petit nombre d'idées générales nettes et précises.

Mais si la guerre est simple dans sa conception générale, il n'en est pas de même de l'exécution. Aussi le grand général n'est pas seulement celui qui entreprend une opération juste, mais celui qui sait l'exécuter et la poursuivre dans tous ses développements. Pour le bien comprendre, il faut être bien fixé sur le sens exact de ce mot : exécution. L'exécution ainsi entendue est encore une question de stratégie, et c'est la partie difficile de l'art de la guerre.

Gouvion-Saint-Cyr est, à ce sujet, complètement de l'avis de Napoléon, et lorsqu'il dit que les difficultés de la guerre ne résident que dans l'exécution, il est bien clair qu'il ne veut pas seulement parler des détails des marches et des combats. Il s'agit, en somme, de développer la solution que l'on a arrêtée seulement dans ses grandes lignes à l'ouverture des hostilités, et que l'on est obligé de poursuivre au moyen de combinaisons dont les données sont en partie incertaines; car on ne sait jamais d'une manière complète quels sont les desseins de l'adversaire, et l'incertitude dans laquelle on se trouve est la vraie source des difficultés. C'est à les résoudre habilement qu'on se montre l'homme de guerre supérieur, et c'est ce qui fait que la guerre est un art autant qu'une science, et qu'on ne peut l'apprendre complètement ni dans les livres ni dans les écoles. Il ne s'agit ici, bien entendu, que de la science du commandement supérieur et de son application, car, au contraire, les connaissances des officiers subalternes peuvent s'apprendre par l'étude des règlements, quoique encore, même sur ce terrain inférieur, il y ait loin de la théorie à la pratique.

Mais l'art de diriger les armées exige surtout du coup d'œil, de la sagacité, la connaissance des hommes en général et celle de ses adversaires en particulier, c'est-à-dire surtout des qualités naturelles que l'étude et l'expérience peuvent développer, mais qu'elles ne donnent pas. Aussi n'a-t-on jamais vu de grand général qui ait dû sa supériorité à l'enseignement d'une école; tous se sont formés seuls par la réflexion et la méditation que leur inspirait l'étude des campagnes des temps passés. S'il ne s'agissait que de connaître quelques principes généraux et de les appliquer à rechercher la solution des problèmes dont les données soient bien déterminées, il en serait tout autrement. Les connaissances théoriques des écoles pourraient suffire à faire le grand général, et l'on pourrait croire que les forts en thème devraient briller nécessairement à la tête des armées ; mais c'est ce que l'on n'a jamais vu jusqu'à présent.

Et si l'on demande à quoi servent alors les principes, je répondrai qu'ils sont l'instrument nécessaire de ceux qui sont assez bien doués de la nature pour en faire une brillante application.

Pour les autres, l'étude des principes est à peu près inutile : je veux dire qu'elle ne leur servira à rien dans l'application. Cependant, à défaut des moyens de créer eux-mêmes de grandes œuvres, elle pourra au moins leur permettre de comprendre celle des autres.

Pour terminer ces observations, je crois devoir indiquer comment il y a lieu, à mon avis, de diviser l'étude des principes de la stratégie par l'histoire.

D'abord, on aura en vue, dans un premier livre, la stratégie napoléonienne, et son étude comprendra elle-même deux chapitres ; le premier, auquel je conserverai le titre particulier de *Principes*, comprendra l'histoire critique des campagnes de Napoléon, qui mettent en relief les idées fondamentales de son système de guerre.

Il sera bon, en outre, de la faire précéder de l'étude au moins sommaire des premières campagnes de la Révolution, parce qu'on y voit à l'œuvre des troupes et des généraux sans expérience, et pour ainsi dire les principes se révéler peu à peu, jusqu'à ce que la double campagne de 1796 en Italie et en Allemagne, en vienne mettre quelques-uns en évidence avec un éclat incomparable.

L'étude des campagnes suivantes confirmera et complétera ces premières conclusions.

Ensuite, dans un second chapitre, que j'intitulerai les *Objections*, on étudiera les campagnes dont les résultats semblent contredire les principes, par exemple, les invasions de la Bohême par Frédéric, qui sont en contradiction avec les principes de Napoléon. Il y aura lieu d'expliquer pourquoi elles ont réussi, malgré la violation de ces principes. Une campagne surtout devra être étudiée avec soin dans ce chapitre, c'est celle de l'automne 1813. On y voit, en effet, Napoléon lui-même vis-à-vis de forces certainement supérieures en nombre aux siennes, mais cependant moins disproportionnées qu'en 1796.

Il veut appliquer les mêmes principes qu'au début de sa carrière; non seulement il échoue, mais il aboutit à une véritable catastrophe. On se trouve là en présence d'un véritable paradoxe. Sont-ce les principes de Napoléon qui étaient faux ou bien ses moyens par trop insuffisants, ou bien encore l'exécution qui a été trop imparfaite? On trouvera, dans les ouvrages de Jomini, de Gouvion-Saint-Cyr et de Marmont, des considérations fort judicieuses sur diverses parties de cette campagne célèbre; mais l'histoire critique de l'ensemble reste encore à faire, et je pense qu'il n'est pas d'étude plus intéressante, parce qu'il devra en résulter une appréciation exacte des propriétés des lignes intérieures et des conditions de leur emploi. On complétera cette étude par celle des campagnes de 1814 et de 1815, et l'on terminera le premier livre, *De l'Étude des Principes*, par un exposé synthétique, mettant en relief les caractères essentiels de la stratégie napoléonienne.

Dans le livre suivant, on examinera les principales campagnes de la période contemporaine. Trois surtout méritent de fixer l'attention. Ce sont la guerre de 1866 de la Prusse contre l'Autriche, la guerre de la Sécession américaine, la guerre franco-allemande de 1870. La première pourrait être rattachée au chapitre des *Objections* du livre précédent. On y voit, en effet, les Prussiens suivre, dans l'invasion de la Bohême, les exemples de Frédéric, en violation des principes de la stratégie napoléonienne. Et, cependant, cette campagne aboutit à Sadowa; mais on ne sera pas embarrassé de résoudre ces difficultés apparentes, si l'on a su expliquer les résultats de la campagne de 1813. On se gardera de conclure que les principes n'ont aucune valeur, mais on sera encore mieux convaincu qu'ils sont relatifs aux circonstances. Tout en constatant que les Prussiens s'en sont écartés, on ne dira pas qu'ils ont eu tort, puisqu'ils ont obtenu une victoire absolument décisive, et que la victoire a toujours ses causes. Ce serait une mauvaise critique que de dire que, dans cette campagne de 1866, les dispositions des Prussiens étaient vicieuses, parce que, s'ils avaient eu devant eux Napoléon au lieu de Benedek, ils auraient été battus. Une pareille critique n'a, à mon avis, aucune valeur, par cette seule raison que Napoléon n'y était pas, et, par conséquent, que les Prussiens n'étaient pas obligés d'agir comme s'il y eût été.

On ne saurait trop le répéter, la guerre n'a pas pour but d'appliquer des théories, elle n'a pour but que la victoire. Il y a des principes qu'il faut suivre, en général, toutes les fois que l'on n'a pas de raisons très formelles de s'en écarter; mais leur observation n'est pas le seul élément de la victoire, il y en a d'autres qui interviennent pour la décider, et il n'est pas permis de les négliger.

Quant aux deux guerres de la Sécession américaine et de la France contre l'Allemagne en 1870, je ne crois pas que leur étude puisse conduire à des objections de quelque valeur contre les principes de la stratégie napoléonienne. Elle ne peut servir qu'à les confirmer. Mais il restera, pour terminer l'étude des principes, à se demander ce qu'elle vaut aujourd'hui, et si, en présence des perfectionnements apportés sur tous les moyens de la guerre, il n'y a pas lieu de les modifier en totalité ou en partie. Peut-être éprouvera-t-on quelques difficultés à répondre avec précision à une pareille question. Il sera bon, sans doute, avant de bien arrêter ses idées à ce sujet, de faire une étude attentive des nouveaux moyens de la guerre, en les comparant avec ceux de la période précédente.

D'après ce que j'ai dit, l'étude des *Moyens* forme la troisième partie de la stratégie. A la différence de celle des principes, cette étude peut être faite par la méthode rationnelle. Cependant, il sera bon de ne pas perdre de vue les exemples du temps passé, et de voir comment nos devanciers ont marché, stationné, se sont gardés et ont reconnu l'ennemi; mais il est clair que ce n'est pas dans les campagnes napoléoniennes que l'on cherchera à apprendre comment il convient d'utiliser les voies ferrées pour effectuer une concentration, un changement de lignes d'opération, ou pour ravitailler les armées.

Il faut d'ailleurs reconnaître que cette partie de l'art de la guerre est celle qui a été la mieux étudiée depuis vingt ans. Autant on a négligé, on peut même dire affecté de dédaigner les principes, autant on s'est appliqué à l'étude des moyens. Pour bien des gens, c'est là qu'est toute la guerre contemporaine, c'est dans les moyens de la stratégie, comme dans ceux de la tactique, qu'est le secret de la victoire. C'est là une conception de l'art de la guerre qui me paraît absolument erronée. L'application des principes aura peut-être plus que jamais une importance décisive; car la combinaison supérieure des mouvements des armées aura d'autant plus d'influence sur les résultats qu'il sera plus difficile d'y atteindre en raison de l'accroissement des effectifs. Toutefois, on ne peut nier l'importance égale des moyens dans lesquels l'élément scientifique prend de jour en jour une plus grande part.

Aussi, tout en regrettant qu'on ait cru devoir mettre de côté les lois de la guerre révélées par les exemples du passé, doit-on au contraire, se féliciter, autant que des perfectionnements apportés à l'armement des troupes, qui est le moyen principal de la tactique, de tous ceux qu'ont reçus les moyens de la stratégie.

La science des marches, notamment, a fait, depuis la guerre franco-allemande, de grands progrès. L'idée du point initial, qu'on n'avait d'aucune sorte en 1870, est maintenant courante. Je crois même que l'on a été un peu trop loin en introduisant dans les ordres de marche une question de minutes, alors qu'il eût été suffisant de s'arrêter à des nombres ronds. Dans beaucoup de cas, on agit comme des calculateurs qui poussent leurs opérations jusqu'aux centièmes lorsqu'on n'est pas sûr des dixièmes. En s'en tenant aux chiffres ronds, on simplifierait sensiblement le travail des états-majors, qui dégénère souvent en puérilité, et ce serait, dans tous les cas, sans inconvénient; car, autant on doit éviter de faire poser sur leurs jambes des heures entières, comme en 1870, des fractions de troupes attendant leur entrée dans une colonne, autant il est indifférent de les arrêter pendant quelques minutes. Je crois que la pratique de la guerre conduirait rapidement à ces simplifications; mais, en les croyant avantageuses, cela ne m'empêche pas de reconnaître l'utilité des procédés en usage, et dont on est redevable surtout aux études du général Lewal.

Une question aussi importante que celle des marches est celle des ravitaillements en vivres et en munitions. Une considération domine toutes les dispositions à prendre à ce sujet, c'est celle du mouvement d'arrière en avant, c'est-à-dire qu'il faut que l'on apporte aux combattants tout ce dont ils ont besoin pour vivre et combattre, et non pas qu'ils soient obligés de l'aller chercher en revenant sur leurs pas. Je crois, d'ailleurs, que c'est bien ce principe fondamental qui a inspiré les règlements les plus récents édictés à ce sujet.

La question du stationnement a certainement aussi son importance, mais il faut reconnaître qu'elle est moindre que celle des marches et des ravitaillements, et que, en outre, elle ne présente pas de bien grandes difficultés.

Quant au service de sûreté, tant en marche qu'en station, il est clair qu'il est de première utilité.

Mais je pense qu'il n'y aucun avantage à l'élargir, sous le prétexte de lui attribuer des propriétés qu'il n'a pas, et, notamment, qu'il faut éviter de faire du rôle des avant-gardes le pivot principal de toutes les opérations militaires. On est loin, d'ailleurs, d'être d'accord à ce sujet, car tandis que les uns exaltent le rôle des avant-gardes, les autres voudraient presque s'en passer. La bonne solution, comme sur bien d'autres points, est, sans doute, dans le juste milieu, ce qui revient à reprendre les anciennes traditions. Quoi qu'il en soit, il est certain que tous ces moyens constituent dans leur ensemble une partie considérable de l'art de la guerre qu'il convient de rattacher à la stratégie et non pas à la tactique. Ce que je demande, c'est que l'on repousse la distinction de ces deux branches de l'art qui repose sur les idées de conception et d'exécution.

L'une et l'autre comportent une phase de conception et une phase d'exécution. L'exécution des mouvements en dehors du champ de bataille est une question de stratégie, et la conception des mouvements du champ de bataille est une question de tactique. Il faut donc proscrire ces expressions baroques de tactique de stationnement, tactique de ravitaillement, que l'on a appliquées à tort à des opérations stratégiques, et revenir pour désigner l'ensemble des moyens de la stratégie à ce mot de logistique que l'on a rejeté sans motif.

On voit, en somme, par ces considérations, qu'après que l'on s'est bien pénétré de la nature des éléments de la stratégie, la solution de tous les problèmes stratégiques que comporte l'art de la guerre exige deux grandes opérations :

D'abord, déterminer les mouvements de l'armée en s'appuyant

sur les principes; ensuite, les réaliser par l'emploi des moyens dont on dispose. On procède, en réalité, comme dans beaucoup de questions scientifiques.

Dans les sciences exactes, la solution des problèmes doit reposer sur les théorèmes établis; quand on l'a trouvée théoriquement, il reste à exécuter des opérations auxquelles conduit la solution théorique.

Dans les problèmes d'arithmétique, il y a le raisonnement et le calcul; dans ceux de géométrie, il y a la recherche des constructions et ensuite leur tracé; dans ceux que l'on traite par l'algèbre, il y a la mise en équation et la résolution de l'équation.

Il en est de même dans les questions de stratégie. La recherche de la solution théorique doit reposer sur les principes qui sont les théorèmes de la stratégie, c'est le raisonnement, la suite des constructions, la mise en équation; ensuite, il faut réaliser cette solution, c'est le calcul, l'exécution du tracé, la résolution de l'équation, c'est l'objet particulier de cette partie de la stratégie que l'on nomme la logistique.

Mais on voit bien par cette comparaison ce que l'on peut apprendre et ce qui dépend surtout des qualités naturelles.

Dans les sciences exactes, on apprend les théorèmes, mais il n'y a pas de méthode qui enseigne le moyen sûr d'en faire l'application à la solution des problèmes. Pour raisonner juste dans les problèmes d'arithmétique, trouver les constructions ou les équations qui conduisent à la solution d'un problème de géométrie, il faut une certaine tournure d'esprit que l'étude peut développer, mais qu'elle ne donne pas.

Mais ce qu'elle apprend en dehors des théorèmes, c'est l'exécution de la solution quand on l'a trouvée. Tous les élèves studieux peuvent savoir exécuter les opérations de l'arithmétique, tracer des constructions géométriques et résoudre une équation algébrique.

Il en est de même dans les opérations de la stratégie. On peut se pénétrer des principes par l'étude réfléchie de l'histoire militaire, mais on n'en fera l'application judicieuse qu'avec une certaine dose de génie naturel; quand on aura trouvé la solution, tous les bons officiers doivent être en mesure d'en assurer l'exécution.

On voit par ces observations quelle est, dans l'application de l'esprit aux questions de stratégie, la part de la science et celle de l'art. L'étude des principes est une question de science. Leur application aux problèmes de la stratégie est une question d'art. Quand on a trouvé la solution, sa réalisation est de nouveau une question de science dans laquelle l'habileté aura encore sa part, mais qui repose avant tout sur des procédés positifs.

Faut-il ajouter qu'en faisant ces rapprochements entre l'art de la guerre et les sciences mathématiques, je n'ai pas l'intention de les assimiler d'une manière complète. Tout ce que j'ai déjà dit à ce sujet suffit à faire voir que s'il y a des points communs, il y a aussi des différences profondes et essentielles. Si la connaissance des théorèmes ne suffit pas pour conduire à la solution des problèmes, il faut au moins ne pas s'appuyer sur des théories fausses, autrement on serait certain d'arriver à une solution également fausse. Cela tient à ce que les vérités mathématiques sont absolues ; on ne saurait trop répéter que les principes de la stratégie ne le sont pas. Aussi a-t-on vu fréquemment des généraux obtenir de grands succès en s'en écartant. C'est qu'en effet, dans les résultats des opérations militaires, il y a d'autres causes en jeu que les principes, les unes morales, les autres de finesse et de sagacité, et c'est pour cela que, dans l'application des principes, l'art a une plus grande part dans la stratégie que dans les sciences pures, et, à ce point de vue, on est conduit à conserver l'expression d'art de la guerre plutôt que celle de science et à le comparer aux arts proprement dits, tels que la peinture ou la musique, où l'on obtient parfois de grandes beautés en s'écartant des règles généralement admises.

Cependant les principes sont réels, et alors même que l'on a de bonnes raisons de s'en écarter, il est indispensable de ne pas les perdre de vue, car c'est la seule manière de savoir au juste à quoi l'on s'expose. Aussi, les militaires d'avenir doivent-ils étudier les principes sur lesquels devront reposer plus tard leurs combinaisons et les approfondir tout autant que l'emploi des moyens dont ils devront se servir pour en assurer l'exécution.

L'étude des principes et celle des moyens constituent donc le grand objet de la science stratégique, mais avant de les aborder, il me paraît indispensable d'envisager les éléments qui sont en jeu ; car, quoi qu'il s'agisse surtout d'une question de définition, il est nécessaire, comme je l'ai dit en débutant, avant d'étudier les propriétés des objets, d'être fixé sur leur nature.

LES ÉLÉMENTS DE LA STRATÉGIE.

D'après ce que j'ai dit précédemment, j'entends par éléments de la stratégie les positions et les directions qui sont en jeu dans la conduite des opérations militaires en dehors du champ de bataille.

Offensive et défensive. — Pour les envisager avec toute la netteté désirable, je pense qu'il y a lieu d'établir, d'abord, une distinction précise entre les deux genres de guerre auxquels une armée peut être conduite, l'offensive ou la défensive. Il importe d'autant mieux d'insister sur ce point qu'on a vu dans ces derniers temps, où tous les paradoxes ont eu un libre cours, certains écrivains soutenir qu'il n'y avait pas de différence entre ces deux modes de la guerre. Or, à mon avis, non seulement cette différence est bien réelle, mais elle doit dominer toute la théorie de l'art militaire, parce que les mêmes éléments ne sont pas toujours en jeu, suivant que l'on se propose de conduire une guerre offensive ou une guerre défensive. Avec sa clairvoyance et sa logique habituelles, Jomini a traité ce sujet avant d'entrer au cœur de la stratégie. Ses idées me paraissent fort justes en ce qu'elles ont de fondamental, mais les développements qu'il leur donne pourraient être plus simples et en même temps plus nets. Il y traite d'ailleurs des avantages et des inconvénients de l'offensive et de la défensive. Or, c'est une question que je ne me propose pas d'aborder pour le moment, ayant seulement en vue de bien indiquer ce qu'il faut entendre par ces deux genres de guerre.

En essayant d'aborder la question, je remarquerai d'abord que, par la manière même dont une guerre s'engage politiquement, elle a déjà l'un ou l'autre caractère.

Celui qui prend l'initiative des hostilités est vraiment l'agresseur ; c'est lui qui fait appel à la force, et, comme il ne prend ce parti que parce qu'il se croit supérieur à son adversaire, sa politique agressive le conduit logiquement à une guerre offensive. Après avoir réuni ses forces, il envahira le territoire ennemi et recherchera l'armée adverse pour en avoir raison le plus vite possible.

L'autre parti, au contraire, qui n'a pas recherché la guerre, mais qui est obligé de la subir, aura sans doute en même temps moins de ressources déjà prêtes pour la soutenir. Il cherchera plutôt à gagner quelques jours avant de jouer la partie décisive, afin de réunir toutes ses forces et d'utiliser tous les moyens de résistance qu'il a préparés sur son propre territoire.

Au début des hostilités, on peut donc dire que ce qui caractérise la guerre offensive, c'est l'invasion; tandis que le caractère de la guerre défensive est la résistance à l'invasion. Et il n'est pas de question plus importante à résoudre en vue d'une grande guerre que de savoir quelle attitude on devra prendre dès l'ouverture des hostilités.

Il suffit de se tromper à ce sujet pour être conduit de suite à de graves échecs.

Ainsi, en 1870, le Gouvernement français déclare la guerre avec l'intention d'envahir le territoire allemand; mais, s'étant mépris sur la force de l'armée prussienne, notre armée fut bientôt réduite à la défensive, et, comme on n'y était pas préparé, que les esprits furent troublés par ce changement d'attitude, on ne sut pas tirer parti des propriétés défensives que présentait notre frontière. La distinction que nous venons d'établir entre la guerre offensive et la guerre défensive ne convient qu'à la première période des hostilités; mais les opérations ont toujours, pour chaque armée, un caractère offensif ou défensif, suivant le but que l'on se propose.

D'une manière générale, on peut dire qu'une opération est offensive lorsqu'elle a pour but de chasser l'ennemi de la région qu'il occupe, et qu'elle est défensive lorsqu'on cherche seulement à conserver celle où l'on se trouve.

Cette définition comprend celle que nous avons donnée pour l'ouverture des hostilités; elle s'applique d'ailleurs aussi bien à la conduite générale des opérations qu'à la bataille, avec cette différence que, dans un cas, il s'agit de prendre ou de conserver toute une zone de territoire, tandis que, dans l'autre, on n'a en vue que la position même sur laquelle une des armées est établie.

Mais, dans les deux cas, il n'est pas nécessaire que la défensive soit passive. Tout en livrant une bataille défensive, c'est-à-dire en recevant l'attaque de l'ennemi sur une position choisie, on peut et même on doit faire de nombreux retours offensifs, parce que c'est souvent la meilleure manière de briser le choc de l'assaillant, et surtout parce que c'est le seul moyen de profiter du succès que l'on a pu obtenir en se défendant. La bataille n'en a pas moins un caractère défensif, en ce sens que c'est l'ennemi qui prend l'initiative de la lutte, dans le but de vous chasser de la position que vous occupiez.

De même, en se proposant de protéger une zone de pays, on n'est pas nécessairement conduit à attendre le choc de l'ennemi; dans bien des circonstances, au contraire, il est avantageux de provoquer le combat, parce que ce sera la meilleure manière d'arrêter les progrès de l'adversaire et de l'obliger à accepter la lutte avant qu'il ait réuni tous ses moyens pour l'engager.

Nous résumons ces observations en disant que, de même que la bataille défensive ou défensive tactique comporte et même exige de nombreux retours offensifs partiels sur le terrain même de la lutte, de même la défensive stratégique comporte et exige, dans beaucoup de cas, des opérations actives conduisant à des batailles offensives. Il résulte de là que, dans la suite d'une grande guerre, une même armée, sans subir d'échecs, peut prendre alternativement des attitudes offensives ou défensives. Tout en ayant pour but général de poursuivre l'invasion, elle pourra, en conduisant ses opérations méthodiquement, tantôt se proposer de faire de nouveaux progrès sur le territoire qu'elle envahit, c'est-à-dire engager une opération offensive au point de vue stratégique, tantôt n'avoir en vue que la conservation du pays déjà conquis, et, en prenant cette attitude défensive au point de vue stratégique, être conduite à livrer des batailles offensives. Quelques exemples vont nous permettre d'achever, d'une manière nette et précise, la distinction qu'il convient d'établir entre l'offensive et la défensive dans les opérations militaires.

Prenons d'abord la campagne de 1796 en Italie. Au début, le but des opérations de Bonaparte est de chasser les Autrichiens du nord de l'Italie ; c'est l'offensive stratégique, qui conduit toujours à des batailles offensives, parce que les Autrichiens ne se défendent qu'en reculant.

Une fois sur l'Adige, Bonaparte y prend une position d'observation. Il ne songe qu'à conserver sa conquête en couvrant le siège de Mantoue. C'est la défensive stratégique. A plusieurs reprises, les Autrichiens essayent de reprendre le terrain perdu et de dégager Mantoue. L'offensive leur appartient au point de vue stratégique.

Mais, pour les arrêter, Bonaparte profite de l'éloignement de leurs colonnes pour les attaquer séparément. De sorte que, tout en faisant une guerre défensive, il est conduit presque toujours à livrer des batailles offensives. Cependant Rivoli est une bataille défensive, mais Bonaparte la gagne par des retours offensifs sur le terrain même de la lutte.

En 1797, Bonaparte, renforcé, songe à pénétrer au cœur de l'Autriche. C'est la reprise de l'offensive stratégique.

En 1800, la double invasion de l'Allemagne et de l'Italie caractérise l'offensive stratégique ; mais les deux batailles décisives de Marengo et de Hohenlinden sont défensives pour les Français, qui les gagnent par un retour offensif ou par une riposte sur le champ de bataille.

Les campagnes de 1805 et de 1806 sont évidemment offensives ; mais la bataille d'Austerlitz a d'abord un caractère défensif ; ce sont les Austro-Russes qui se proposent de chasser Napoléon de sa position. Il gagne la bataille par une vigoureuse riposte sur le centre de l'ennemi.

En 1807, pendant le siège de Dantzig, Napoléon a une attitude défensive sur la Passarge. Au commencement de juin, ce sont les Russes qui prennent l'offensive, dans l'espoir de surprendre l'armée française mal concentrée. Mais Napoléon, ayant réuni ses forces, reprend l'initiative, et Benningsen, ayant échoué dans sa tentative, est obligé de reculer. La bataille de Friedland a le même caractère des deux côtés. Il ne s'agit pas, pour une des armées, de chasser l'autre d'une position sur laquelle elle est établie. C'est une bataille de rencontre, où les deux armées prennent l'offensive tour à tour.

Au printemps, en 1813, les deux armées opposées prennent simultanément l'offensive stratégique, mais la bataille de Lutzen est défensive pour les Français. Au moment de Bautzen, l'offensive leur appartient, tant au point de vue stratégique que sur le champ de bataille.

Pendant la campagne d'automne, Napoléon est établi sur l'Elbe; le but des Coalisés est de l'en chasser. Dans l'ensemble, l'offensive stratégique leur appartient; l'attitude de Napoléon est défensive; il ne doit procéder que par riposte. Cependant, les opérations de l'armée française du Nord sont offensives; elles ont pour objectif Berlin. Mais, tandis que sur les autres points, Napoléon se défend au point de vue stratégique, il est amené à attaquer fréquemment l'ennemi. La bataille de Dresde est offensive pour les Français. Ce qui caractérise le système de guerre qu'avait adopté Napoléon en 1813, c'est que, comme en 1796 sur l'Adige, il fallait que la défensive stratégique l'amenât toujours à des batailles offensives. Dès qu'il était réduit à accepter des batailles défensives, il était perdu. C'est ce qui est arrivé à Leipzig.

En 1814, Napoléon est encore obligé à la défensive stratégique. Il a failli se perdre en acceptant la bataille de La Rothière. Mais ses beaux succès de Champaubert à Montereau sont obtenus par des ripostes, suivies, le plus souvent, de batailles offensives; cependant, la bataille de Montmirail est défensive pour les Français; c'est sur une plus petite échelle la répétition de la bataille d'Austerlitz.

Napoléon la gagne par une riposte sur le champ de bataille.

La riposte et le retour offensif sont deux choses distinctes.

Dans le retour offensif, on a pour but de reprendre une position perdue; la riposte est une contre-attaque qui n'a pas forcément lieu sur le même terrain que l'attaque de l'ennemi. L'attaque du plateau de Pratzen est une riposte. Elle a lieu sur le centre, tandis que l'ennemi attaque surtout notre droite, mais elle est accompagnée d'un retour offensif de la division Friant sur le terrain perdu de ce côté.

En résumé, on voit que la différence entre l'offensive et la défensive est réelle, et s'il y a des cas où la distinction peut paraître assez subtile, on peut toujours la faire en procédant comme la grammaire enseigne aux enfants de faire, pour trouver dans une phrase le sujet ou le régime. Il suffit de se poser la question : Quel est celui qui se propose de chasser l'autre de sa position ? et d'essayer d'y répondre.

En 1870, l'offensive stratégique appartient dès le début aux Allemands; comme il n'y a de notre part aucune riposte stratégique, les batailles sont également offensives pour les armées allemandes. Cependant la bataille de Rezonville est une bataille de rencontre comme celle de Friedland, et dans des conditions analogues. L'une des deux armées essaye de se frayer un chemin, l'autre intervient pour l'arrêter. Le mouvement de l'armée de Châlons dans la direction de Montmédy n'a, tout d'abord, aucun caractère offensif ni défensif. Il n'a pour but que de tendre la main à l'armée de Metz que l'on croit en marche vers la Meuse. On ne peut pas le définir dans ses rapports avec l'armée ennemie, que l'on ne songe qu'à éviter. Ce n'est donc ni le prélude d'une attaque, ni une mesure de défense. Mais il en est autrement à partir du moment où l'armée de Châlons, sachant que l'armée de Metz est toujours sur la Moselle, se propose d'aller l'y joindre. Dès lors, on se propose de menacer les communications des Allemands, pour les ramener à la frontière, et par conséquent de libérer une partie du territoire envahi. C'est donc une opération offensive pour l'armée française. Quant au mouvement vers le Nord des armées allemandes en marche sur Paris, c'est une riposte. Il n'a pas pour but de chasser l'armée de Châlons de telle ou telle position, mais bien d'empêcher sa jonction avec l'armée de Metz. C'est donc plutôt une mesure de défense qui aboutit à une bataille offensive dès que les Allemands parviennent à joindre l'armée française, mais qui aurait pu aussi conduire à une bataille défensive, si les Allemands avaient cherché à s'établir sur une position bien choisie pour nous barrer la route entre la Meuse et la Moselle, comme ils ont eu un instant l'intention de le faire aux environs de Damvillers.

Après l'investissement de Paris, les armées allemandes exécutent bien de divers côtés des mouvements offensifs partiels, mais dans son ensemble, leur attitude est celle de la défensive stratégique.

Leur but principal est de conserver leur conquête et de couvrir le blocus de Paris. L'offensive appartient nécessairement aux armées françaises, comme aux Autrichiens en Italie pendant le siège de Mantoue; le but des opérations des armées françaises est de faire lever le siège de Paris. L'offensive stratégique doit, en général, les conduire à des batailles offensives. A Coulmiers, à

Beaune-la-Rolande, c'est l'armée française qui attaque. Il en est de même à Loigny, mais à la suite de l'échec du 16e corps, le prince Frédéric-Charles sort de sa position d'observation et prononce une vigoureuse riposte qui a pour but et pour résultat de nous chasser d'Orléans.

En somme, les mouvements des armées en présence amènent des combats variés, mais au fond, leur attitude respective ne change pas dans son ensemble jusqu'à la fin ; au point de vue stratégique, le caractère des opérations allemandes est défensif, celui des opérations françaises est offensif. Dans le Nord, c'est Faidherbe qui a l'initiative à Bapaume et même à Saint-Quentin ; il en est de même dans l'Est. Le but était de reprendre le terrain perdu et pour les Allemands de conserver le pays conquis ; par conséquent, la défensive leur appartient.

On voit, en définitive, qu'il n'est pas exact de confondre l'offensive et la défensive, et qu'en réalité, elles sont nettement distinctes. Ce qui est vrai, c'est que dans tous les cas il faut manœuvrer et ne pas chercher le salut dans les fortes positions. Napoléon a très nettement distingué les deux genres de guerre : « Toute guerre offensive, dit-il, est une guerre d'invasion ; mais la défensive n'exclut pas l'attaque. » Ce qui revient à dire que la défensive stratégique peut conduire souvent à l'offensive tactique.

Toute la théorie de Clausewitz repose sur la distinction de l'offensive et de la défensive. Le but de l'offensive, dit-il, est la conquête. On peut ajouter que celui de la défensive est la conservation.

En somme, tous les grands écrivains sont d'accord à ce sujet, et l'on ne s'explique pas que quelques auteurs aient pu être amenés à confondre ces deux modes de la guerre.

Étant bien fixé sur les caractères essentiels de l'offensive et de la défensive stratégique, nous pouvons maintenant aborder les éléments de chacune d'elles.

Éléments essentiels de l'offensive. — Dans la guerre offensive, le choix de la *ligne d'opération* est la première question à résoudre, c'est la direction que l'on suivra pour conduire son offensive. On doit avoir pour but principal d'atteindre l'ennemi et de le combattre, mais il ne s'ensuit pas que l'on doive se diriger sur sa masse principale par le chemin le plus court. Il y a souvent avantage à l'aborder par un chemin détourné, par lequel on n'est point attendu, ce qui vous donne de suite de grands avantages matériels et moraux dont on bénéficie le jour de la bataille.

Une fois fixé sur la ligne d'opération que l'on se propose de suivre, la *position de rassemblement* de l'armée *et la base d'opération* doivent en être une conséquence. Je distingue ces deux éléments parce qu'ils ne sont pas essentiellement confondus. La position de rassemblement est une position sur laquelle on réunit l'armée avant de la porter à l'ennemi, car il est de principe de ne pas engager des corps dispersés qui pourraient se faire battre séparément. La base d'opération est la région d'où l'on tirera en partie ses vivres et en totalité ses munitions et ses renforts. Une fois l'offensive bien dessinée, la position de rassemblement deviendra ordinairement la base d'opération; mais il faut se garder d'y réunir trop tôt ses approvisionnements, car si l'on n'était pas en mesure de réaliser l'offensive que l'on projette et qu'au contraire on fût obligé de céder le terrain, on risquerait de les laisser tomber entre les mains de l'ennemi. C'est ce qui est arrivé en 1870. On voulait rassembler l'armée française sur la frontière de Prusse pour prendre ensuite l'offensive sur le Rhin, et d'importants approvisionnements furent réunis à Forbach et à Sarreguemines. Quand la retraite devint nécessaire, les Prussiens s'en emparèrent.

Dans de semblables circonstances, on doit d'abord arrêter les approvisionnements dans quelques places situées à proximité de la position de rassemblement dont elles sont les appuis, qui plus tard serviront à protéger la base d'opération et d'où l'on ne devra les faire sortir que lorsque la situation se dessinera d'une manière favorable. En 1870, on ne pouvait avoir rien de mieux pour remplir ce rôle que les deux places de Metz et de Strasbourg; en cas d'offensive, elles étaient les appuis de notre base d'opération; dans la défensive à laquelle nous fûmes rapidement réduits, elles pouvaient encore nous être très utiles. Pendant la période de concentration de l'armée, c'était là qu'il fallait réunir de grands approvisionnements, qui n'auraient jamais été perdus, car, au pis aller, en supposant que l'on fût obligé de battre en retraite en s'éloignant de ces places, ils auraient toujours servi aux troupes chargées de les défendre.

Aujourd'hui, et surtout par suite de l'emploi des chemins de fer, tant que la guerre se maintient près de la frontière on n'est pas obligé de rassembler toutes les ressources nécessaires à une armée dans une région restreinte, car on pourra les amener en grande partie de l'intérieur du pays au fur et à mesure des besoins; mais dès que l'offensive est nettement dessinée, la base d'opération reprend le caractère qu'on lui a toujours reconnu. C'est une zone par laquelle les ressources devront passer pour venir de l'intérieur du pays à l'armée.

Il est de la plus haute importance qu'une armée, en même temps qu'elle progresse sur sa ligne d'opération, reste toujours en communication avec sa base; car le jour où elle en serait coupée, elle serait privée de ses moyens de combat et, par suite, non seulement elle perdrait sa puissance offensive, mais pourrait se trouver dans une situation périlleuse.

La question des communications domine donc toute la guerre. Une armée ne doit pas avoir de plus grand soin que de couvrir ses *lignes de communication*, c'est-à-dire de pouvoir utiliser en toute sécurité les moyens de communication qui la relient à sa base. Par la même raison, il est manifeste qu'il sera avantageux et, par suite, habile de menacer les communications de l'ennemi, en essayant de le priver de ses ressources. C'est par cette raison que, ainsi que je le disais plus haut, tout en ayant pour objectif final l'armée ennemie, on peut être souvent conduit à ne pas marcher sur elle par le chemin le plus direct et que les plus grands généraux, dans beaucoup de circonstances, se sont proposé, avant de livrer bataille, de s'emparer des communications de l'ennemi, de manière à le priver d'une partie de ses moyens, ce qui devait amener forcément ce résultat de transformer la défaite que l'on comptait bien lui infliger en un complet désastre.

Un coup d'œil rapide sur les préparatifs de la campagne de 1806 va donner à ces premières idées toute la netteté désirable.

Dans cette circonstance, Napoléon est bien décidé à rechercher l'ennemi pour lui livrer bataille, mais il veut la livrer de telle sorte que s'il la gagne, comme il n'en doute pas, l'ennemi soit non seulement battu, mais désorganisé et pris.

Pour cela il se propose, avant de livrer la bataille, de s'emparer des communications des Prussiens. La direction générale qu'il suivra à cet effet sera celle qui, partant de la vallée supérieure du Mein, conduit à Berlin. En s'y avançant il pourra, suivant les circonstances, livrer la bataille entre la Saale et l'Elbe, ou à gauche de la Saale, ou encore au delà de l'Elbe, si l'ennemi se retire par Magdebourg sur Berlin. Napoléon a prévu ces diverses éventualités. Il a prévu également le cas où l'ennemi l'attaquerait avant qu'il soit lui-même en mesure de lui imposer son initiative. Si les Prussiens débouchent sur le Mein, entre Wurtzbourg et Mayence, il les acculera sur le Rhin. Son rassemblement sur le Mein, de Bamberg à Bayreuth, se prête à tout. Le choix de cette position est la conséquence de ses idées sur les lignes d'opération possibles et notamment de la plus probable qui doit le conduire d'abord dans la direction de Leipzig. Ce sera sa base d'opération, dès qu'il réalisera ses projets d'offensive. Aussi on peut voir avec quels soins Napoléon, en 1806, organise cette base en prescrivant la mise en état de défense des places de Wurtzbourg, Kronach et Forcheim et en les désignant respectivement comme places de dépôt aux divers corps de la Grande Armée.

Après avoir arrêté sa ligne et sa base d'opération et entrevu les conséquences à tirer d'une offensive heureusement conduite, on doit songer au cas où cette offensive échouerait. La défaite amènera nécessairement la retraite. En principe, on peut dire que *la ligne de retraite naturelle* se confond avec la ligne de communication. Cette assertion est d'une vérité manifeste, quoiqu'elle ait été parfois contestée. Il est bien évident, en effet, que l'armée en se repliant dans la direction de sa base et en suivant ses lignes de communication y retrouvera ses renforts, ainsi que les vivres et les munitions dont elle a besoin.

Mais il est parfois avantageux de prendre une autre ligne de retraite. Ce peut être un moyen d'empêcher l'ennemi de tirer de sa victoire tout ce qu'il en attend ; mais il est essentiel, en même temps, de changer sa ligne de communication de telle sorte que, non seulement l'ennemi en s'emparant de l'ancienne que l'on abandonne n'y trouve plus aucune ressource, mais, qu'en outre, on retrouve soi-même de nouveaux moyens de combats sur la ligne de retraite que l'on a choisie. D'après Napoléon, une pareille opérations est la plus habile qu'enseigne l'art de la guerre et le peu que je viens d'en dire suffit à en montrer tous les avantages. Mais pour bien saisir le caractère d'une semblable opération, il est essentiel d'établir une distinction entre ce que j'appellerai *la base totale* ou fondamentale d'opérations et *la base effective*. Le rôle essentiel de la base d'opération étant de fournir les moyens dont l'armée a besoin pour vivre et combattre, on peut entendre par base totale toute la partie de frontière qui sépare les deux nations combattantes. Dans la guerre offensive au delà de la frontière, il faudra forcément que les ressources provenant de l'intérieur du pays traversent cette région quelque part pour arriver à l'armée. Mais si la zone frontière est très étendue on ne doit pas chercher à l'utiliser dans toutes ses parties. On serait ainsi conduit à avoir des lignes de communication multiples, dont on ne pourrait se servir en sécurité qu'en y détachant des forces considérables, qui manqueraient sur le champ de bataille.

On doit donc n'utiliser effectivement qu'une partie restreinte de la base totale possible, de manière à n'avoir qu'un faisceau de lignes de communication assez resserré pour que l'armée les couvre tout naturellement en se portant en avant.

La base effective qu'il convient de choisir est une conséquence logique de la ligne d'opération que l'on veut suivre. Autant que possible, ces deux directions doivent être à peu près perpendiculaires l'une sur l'autre, parce que c'est dans ces conditions que l'armée couvre le mieux ses communications par son mouvement même. Encore faut-il tenir compte à ce sujet de la nature des régions voisines, car c'est de cette nature que dépend en partie la vulnérabilité des lignes de communication.

Si la base effective s'appuie, à une de ses extrémités, à un pays neutre, il n'y aura pas d'inconvénient à ce que de ce côté la ligne suivie par l'armée et cette base forment un angle obtus, ces lignes formant un angle aigu supplémentaire de l'autre côté, c'est-à-dire du côté vulnérable, ce qui sera favorable à la protection des communications.

Il résulte donc de ces observations que, quand on dispose d'une base totale de grande étendue, on doit n'en utiliser effectivement qu'une partie. Mais il n'est pas nécessaire que cette partie reste toujours la même pendant la suite des opérations. On peut être amené, après avoir utilisé au début une partie déterminée de de la base totale pour en faire une base effective, à en choisir ensuite une autre pour remplir le même rôle. C'est cette manœuvre qui constitue le changement de *lignes de communications* que Napoléon déclare si habile, et l'on peut être amené à l'exécuter non seulement pour échapper aux conséquences d'une défaite, mais aussi pour se relier plus aisément à la base totale.

Ainsi, en 1806, la base totale de l'armée française était formée par le cours du Mein et celui du Rhin, au-dessous de Mayence[1]. Il fallait que l'armée débouchât d'une partie ou d'une autre de l'ensemble de cette ligne pour pénétrer sur le territoire prussien.

C'est le choix de la ligne d'opération adoptée par Napoléon qui l'a amené à n'utiliser d'abord comme base effective que la région du Mein supérieur; sa première direction se trouve à peu près perpendiculaire à cette base. S'il eût voulu marcher droit sur les Prussiens, par la Hesse, sa base effective eût été sur le Rhin moyen aux environs de Mayence. S'il eût voulu envahir la Wesphalie, c'eût été la partie du Rhin comprise de Cologne à Wesel. L'idée de menacer les communications des Prussiens devait l'amener naturellement à partir du haut Mein. Mais, après Iéna, il abandonna ses premières lignes de communications, afin d'en choisir de nouvelles capables de le relier plus directement au cœur de la France. La grande ligne de communication de l'armée fut alors la grande route qui, partant du Rhin à Mayence, s'avance par Erfurt et Wittenberg au cœur de l'Allemagne.

Lorsque la base totale est restreinte, elle forme entièrement la base effective. C'eût été le cas de l'armée française en 1870, si l'Allemagne méridionale eût été neutre; la base totale eût été la frontière comprise entre le Rhin et la Moselle et c'eût été une base excellente pour envahir le pays situé entre Rhin et Moselle, à cause des deux places de Metz et de Strasbourg qui en appuyaient les deux extrémités. Dans les conditions réelles, nous confinions de plus avec le territoire ennemi par la partie du Rhin comprise entre Lauterbourg et Bâle. Mais cette partie de la base totale n'avait aucune valeur et on aurait été amené à choisir l'autre comme seule base effective, si l'on eût été bien convaincu qu'il ne fallait porter la guerre sur la rive droite du Rhin qu'après avoir conquis le pays situé entre Rhin et Moselle. Ensuite, pour péné-

---

[1] Cette distinction entre la base totale et la base effective ne se trouve ni dans Jomini ni dans l'archiduc Charles, mais je la crois très susceptible d'éclairer la théorie des opérations stratégiques.

trer en Allemagne, notre base effective eût été formée de la partie du Rhin comprise entre Strasbourg et Manheim.

Je crois que les développements précédents suffisent à donner une idée claire du sens qu'il faut attribuer dans la guerre offensive aux expressions de ligne et base d'opération, lignes de communication et lignes de retraite, changement de lignes de communication. Ce sont là tous les éléments qui sont en jeu si l'on ne considère que les mouvements de l'armée en eux-mêmes. Il en est d'autres à envisager lorsque l'on a en vue les mouvements de l'armée par rapport à l'ennemi, tels sont les mouvement tournants simples ou doubles, les ruptures stratégiques. Mais avant de porter notre attention sur ces nouveaux éléments, nous allons examiner les éléments essentiels de la guerre défensive.

Éléments essentiels de la défensive. — Tandis que l'offensive exige avant tout le choix d'une ligne d'opération et que la position de rassemblement et la base d'opération n'en sont que des conséquences, dans la défensive c'est la position de rassemblement qu'il faut d'abord déterminer et il faut la choisir de manière à s'opposer à l'offensive de l'ennemi. Pour cela il faut commencer par se rendre compte des directions probables de cette offensive, sans quoi il serait difficile de bien choisir les positions qui se prêtent le mieux à la résistance. Il me paraît convenable de donner à de telles positions le nom de *positions stratégiques*. Il faut bien remarquer que ce ne sont que des positions d'attente et d'observation et non pas des positions de combat. On les choisit pour s'opposer à l'offensive stratégique de l'ennemi, et c'est pour cela qu'on leur donne le nom de positions stratégiques, pour les distinguer des positions tactiques où l'on s'établit pour résister à l'offensive tactique.

C'est à peu près du même point de vue que Jomini et l'archiduc Charles ont considéré ces éléments de la stratégie.

« Il est, dit le premier, une certaine disposition des armées à laquelle on peut donner le nom de position stratégique pour les distinguer des positions tactiques ou de combat. Elles s'appliquent aux situations que l'on prend pour couvrir divers points, pour former une ligne d'observation, enfin pour toute position d'attente. » Seulement Jomini donne à cette expression de position stratégique une plus grande extension. Une armée qui pratique l'offensive prendrait ainsi à la suite de chaque marche une position stratégique. Je crois qu'il est préférable, tant au point de vue stratégique qu'au point de vue tactique, de considérer le mot de position comme caractérisant l'attitude défensive. C'est ainsi que l'entend l'archiduc qui, pour désigner les mêmes positions, les qualifie non pas de stratégiques, mais de défensives.

« La défense, dit-il, s'appuie sur des points stratégiques fortifiés ou non fortifiés. » En les occupant on peut lutter avec avantage contre des forces supérieures à la condition de faire une guerre de manœuvres très active. Il reste à savoir ce qu'il faut entendre par point stratégique. C'est, dit l'archiduc, un point dont la possession présente un avantage majeur pour les opérations. Jomini en donne à peu près la même définition. Il est certain que les conditions de la guerre contemporaine comportent encore l'existence de pareils points. Toutefois il paraît difficile de les caractériser d'une manière précise et il semble inexact de leur accorder, comme Jomini, une valeur réelle en raison de leur position géographique seule, et sans tenir compte de leurs relations avec les armées.

Aussi je crois préférable d'écarter cette notion de points stratégiques.

En outre, il me semble que dans la définition des éléments de la stratégie, il convient de mettre en relief le rôle de ces éléments sans faire entrer leurs qualités.

En parlant de positions stratégiques ou tactiques, on dira seulement dans quel but on les occupe, sans que cela implique qu'elles sont nécessairement bien choisies pour remplir ce but.

Ce qui caractérise les premières, c'est qu'on les choisit pour s'opposer à l'offensive stratégique, les secondes pour résister à l'offensive tactique, et avec cette définition on admettra qu'elles peuvent, les unes comme les autres, être bonnes ou mauvaises.

Pour éclairer cette discussion par quelques exemples, je dirai que la position prise en 1796 par Bonaparte sur l'Adige est une position stratégique, qu'il en est de même de celle qu'il a prise en 1807 sur la Passarge pendant le siège de Dantzig et aussi de celle qu'il a conseillée au prince Eugène en avant de Magdebourg au printemps de 1813. La position prise par Napoléon, la veille d'Austerlitz, était au contraire une position tactique.

Il suffit de citer ces exemples pour faire bien entendre que si l'occupation des positions militaires est le caractère de la guerre défensive, il ne s'ensuit pas que cette défensive doive être passive; mais qu'au contraire celles qu'on appelle stratégiques, aussi bien que celles que l'on appelle tactiques, tirent surtout leurs avantages des facilités qu'on y trouvera pour manœuvrer, soit sur l'ensemble de la région que l'on veut défendre, soit sur le terrain que l'on a choisi pour livrer bataille.

D'après cela, l'armée qui adopte le système de la défensive stratégique pourra être appelée à manœuvrer, soit en avant, soit en arrière de sa position stratégique. Elle aura aussi ses lignes d'opération, mais ce qui les caractérise c'est qu'elles sont subordonnées à celles de l'adversaire. En résumé, la défensive stratégique, quand on y est résolu, doit s'appuyer sur une bonne position stratégique. C'est en somme la zone de rassemblement de l'armée, et l'art consiste à la choisir de telle sorte qu'elle permette de riposter aux coups que l'ennemi essaiera de porter.

Mais la défense peut encore reposer sur d'autres appuis. Il peut se faire que les deux armées en présence soient séparées par un obstacle plus ou moins continu, tel qu'un grand fleuve ou une chaîne de montagnes dont les propriétés défensives peuvent être augmentées par des ouvrages de fortification. Le premier but de l'agresseur est de forcer cet obstacle, celui du défenseur d'en interdire l'accès à l'ennemi.

On donne à ces lignes le nom de *lignes de défense.*

Lorsqu'elles existent, les positions stratégiques, si elles n'en font point partie intégrante, doivent au moins se trouver à proximité, et dans les manœuvres que l'on sera amené à exécuter pour tirer parti de toutes les ressources de la ligne de défense, on pourra utiliser successivement plusieurs positions stratégiques.

Dans la guerre défensive, la position stratégique que l'on choisit, avec ou sans ligne de défense, ne doit pas être considérée comme une base d'opération. Je veux dire que l'on ne doit pas y réunir de gros approvisionnements, car la nécessité de les couvrir enlèverait à l'armée la mobilité qui est une de ses propriétés les plus précieuses. Cependant toute armée a besoin d'une base d'opération, c'est-à-dire d'une zone d'où elle tirera toutes les ressources qui lui sont nécessaires pour continuer la lutte.

Cette base sera à une certaine distance en arrière de la position stratégique. On aura de grandes latitudes pour la choisir, car dans la guerre défensive à la frontière, la base totale est partout à l'intérieur du pays et l'on pourra en utiliser la partie que l'on voudra comme base effective.

En général, il conviendra de la choisir dans la direction de la ligne de retraite dont l'éventualité paraît la plus probable, car alors en se retirant on y trouvera toutes les ressources dont on pourrait avoir besoin. Mais c'est surtout dans ce cas que l'on ne devra pas perdre de vue les propriétés des changements de lignes de communication; car, comme la possession de toutes les voies ferrées de l'intérieur donne de grandes facilités pour les exécuter, on sera souvent amené à en utiliser tous les avantages.

Relations entre ces divers éléments. — On voit, par ce qui précède, que si l'offensive et la défensive sont distinctes par leur objet, les éléments de la stratégie qui sont en jeu dans la pratique de ces deux modes de la guerre, tout en présentant bien des différences sensibles, ont cependant beaucoup de points communs. Dans l'un et l'autre cas il y a à considérer des lignes et des bases d'opération, des lignes de communication et des lignes de retraite naturelles.

Dans les deux cas également on commence par réunir l'armée dans une position de rassemblement; mais on ne le fait pas dans le même but. D'une part on se propose d'envahir le territoire ennemi, et d'autre part de s'opposer à l'invasion de l'adversaire.

Le caractère essentiel de l'offensive étant le mouvement, son élément principal est une direction, auquel la position de rassemblement est subordonnée; celui de la défensive étant la résistance, son élément primordial est une position que l'on ne choisit pas seulement comme point de rassemblement, mais en y recherchant surtout des facilités de s'opposer à l'agression de l'armée adverse.

Théoriquement les positions de rassemblement que l'on choisit en vue de l'offensive ou de la défensive n'ont donc pas tout à fait le même caractère; les secondes seules doivent présenter des propriétés dont les autres n'ont pas besoin, et celles-là seules méritent le nom de positions stratégiques. Mais, dans le fait, il en est souvent tout autrement, parce qu'il arrive fréquemment que les deux armées en présence n'ont pas des attitudes : offensive pour l'une, défensive pour l'autre, très nettement décidées avant l'ouverture des hostilités. Alors même que l'on projette l'offensive on n'est pas sûr de pouvoir la réaliser. La prudence conseille d'envisager le cas où l'on serait prévenu par l'ennemi, et par conséquent de rechercher dans la position de rassemblement les mêmes propriétés que la défensive. Dans la réalité, alors que l'on n'est pas absolument fixé sur l'attitude qu'il conviendra de prendre, l'occupation des positions de rassemblement a, de part et d'autre, un caractère défensif. Ce sont des positions stratégiques que l'on choisit pour couvrir le territoire, observer les dispositions de l'ennemi en se tenant prêt à résister à son attaque.

L'occupation de ces positions, qui est la première opération qu'exécute l'armée, après la mobilisation, constitue ce que l'on appelle encore son *déploiement stratégique*.

On peut dire qu'en exécutant ce déploiement les armées se mettent en garde. Chacun s'en sert ensuite à sa manière, soit pour l'attaque, soit pour la défense. Celui qui prend l'offensive se fend, celui qui a adopté la défensive pare et riposte. Il est d'ailleurs possible que les deux armées prennent simultanément l'offensive, c'est-à-dire l'initiative des premiers mouvements en ayant nettement en vue l'attaque et non pas la riposte; alors elles sont amenées à se combattre dans des conditions semblables. Quant à la défensive simultanée, il est clair qu'elle ne peut être durable, sans quoi les deux armées pourraient s'observer longtemps sans obtenir aucun résultat.

La position choisie par Napoléon en 1806 avant l'ouverture des hostilités dans la haute vallée du Mein présentait bien les caractères que je viens d'indiquer. C'était une position stratégique qui convenait à toutes les éventualités et qui n'est devenue une base d'opération effective que quand l'Empereur a réalisé l'offensive qu'il avait projetée.

En 1870, les Allemands avant de prendre l'offensive occupaient des positions stratégiques entre Rhin et Moselle, ils avaient de plus reconnu en avant de Mayence une position tactique où ils se proposaient de recevoir la bataille, si nous prenions l'offensive. Leur base était sur le Rhin, de Germersheim à Mayence et à Coblentz.

Du côté de la France on s'est porté à la frontière avec l'idée de prendre l'offensive, mais on s'est aperçu bien vite que l'on n'en avait pas les moyens. Si avant la déclaration de guerre on eût envisagé froidement les deux hypothèses de défense et d'attaque, si d'autre part on eût compris que dans le cas où l'offensive serait possible, elle devait avoir pour premier objectif le pays entre Rhin et Moselle, on aurait été amené à prendre une position stratégique à cheval sur les Vosges, le front s'étendant de Bitche à Saint-Avold, la droite se prolongeant en Alsace par Wœrth jusqu'à la forêt de Haguenau, la gauche dans la direction de Metz.

En cas d'offensive on partait naturellement de cette position dans la direction de Mayence où l'on aurait forcément rencontré les armées ennemies. En cas de défensive on avait toutes les facilités de manœuvrer pour exécuter une concentration, soit en Alsace, soit en Lorraine.

Aujourd'hui, c'est par des considérations semblables que l'on doit déterminer les positions stratégiques à faire occuper par l'ensemble des forces françaises, ce qui n'est pas autre chose que le déploiement stratégique des armées. La grosse question est de savoir s'il faut avoir en vue l'offensive ou la défensive, en recherchant s'il n'y a pas un ensemble de dispositions qui se prête aux deux éventualités.

Ce qui est certain, c'est que si l'on se croit en mesure d'envahir le territoire allemand, on devra s'appuyer sur une base d'opération solide, qui, malgré l'effectif des armées d'opération, ne sera pas nécessairement confondue avec la base totale; chaque armée devra en prendre une partie comme base spéciale, sans la considérer cependant comme son bien exclusif; car il en est des bases d'opérations comme des parcs mobiles, chacun doit avoir le droit de puiser chez son voisin, si des mouvements imprévus vous amènent dans sa zone de ravitaillement. Si l'on se croit réduit à la défensive, on devra s'appuyer sur des positions stratégiques.

Lorsque, de plus, on cherche à utiliser les propriétés d'une ligne de défense, on peut dire que dans ce cas de la guerre défensive les positions stratégiques sont à la ligne de défense ce que, dans l'offensive, la base d'opération effective est à la base totale. Et dans le courant d'une grande guerre, les mêmes éléments naturels peuvent jouer successivement des rôles offensifs ou défensifs, suivant que les succès ou les revers obtenus dans les combats conduisent à modifier le mode de guerre que l'on veut suivre. Si l'on a des succès permettant de passer de la défensive à l'offensive, la position stratégique pourra devenir une nouvelle base effective, et si la défensive a reposé sur une ligne de défense, celle-ci pourra devenir une base totale. Les éléments peuvent changer de rôle d'une manière inverse si, dans l'offensive, on essuie des revers.

La campagne d'automne de 1813 permet d'éclairer ces considérations. Napoléon avait résolu de pratiquer la défensive stratégique. Cette défensive ne reposait pas dans son ensemble sur une ligne de défense, mais sur plusieurs positions stratégiques plus ou moins reliées entre elles. Ses trois armées principales en avaient chacune une, sur le Bober, vers Dresde et sur l'Elbe moyen en avant de Wittenberg. L'Elbe était sinon la base fondamentale des forces françaises, du moins leur base totale. L'armée du Bober avait sa base effective à Dresde, qui jouait également le même rôle pour la seconde armée; celle du Nord, destinée à l'offensive, avait sa base effective à Wittenberg et à Torgau.

Mais à la suite des revers essuyés par les armées françaises, celles-ci furent toutes rejetées sur l'Elbe. Il en résulta que ce fleuve, de base d'opérations totale, devint une ligne de défense et que les bases effectives des différentes armées devinrent des positions stratégiques.

Mais il suffit de citer cet exemple pour être persuadé que les mêmes éléments naturels ne sont pas susceptibles de jouer des rôles stratégiques différents avec les mêmes avantages.

Je ne me propose pas, dans cette étude, d'étudier d'une manière complète les propriétés des éléments de la stratégie. Je n'ai en vue surtout que les définitions, étant convaincu que la démonstration des principes ne peut résulter que de l'analyse des événements historiques. Cependant, au sujet des questions qui viennent d'être soulevées, je crois pouvoir faire remarquer, dès à présent, car il s'agit de propriétés pour ainsi dire de pure raison, que l'on doit rechercher dans les bases d'opérations totales et dans les lignes de défense des conditions opposées et que, tandis qu'il est avantageux que les premieres soient étendues, il est désirable, au contraire, que les secondes soient très restreintes.

Il y a longtemps que l'on a remarqué, et l'archiduc Charles

spécialement a insisté sur ce sujet, que plus une armée s'éloigne de sa base d'opérations, non seulement plus ses communications sont vulnérables, mais en même temps plus l'armée elle-même perd de la liberté de ses mouvements. Cette liberté est, en effet, limitée aux directions qui relient l'armée aux deux extrémités de la base. L'armée occupe le sommet de l'angle formé par ces deux directions et, si l'ennemi réussissait à l'obliger à sortir de cet angle, il la couperait complètement de sa base, et ses communications seraient rompues. Or, il est manifeste que plus la base totale sera large, plus l'angle dont je viens de parler sera ouvert, et, par conséquent, plus il sera difficile d'en chasser l'armée. Au besoin, celle-ci pourra sacrifier ses communications pour en reprendre d'autres, c'est-à-dire changer ses communications, ce qu'elle ne pourrait pas faire si la base totale était très étroite.

Au contraire, il est visible que plus une ligne de défense est étendue, plus elle est difficile à protéger; pour être à l'abri de toute surprise, il faudrait être en force partout; on est ainsi amené à se disperser et à n'être fort nulle part.

Ainsi, en 1813, la ligne de l'Elbe qui, en raison de son étendue, était une excellente base d'opération pour des armées opérant dans les directions de Berlin et de Breslau, est devenue, pour la même raison, une mauvaise ligne de défense, dès que les armées françaises y ont été rejetées, et c'est pour cela qu'elle a été facilement forcée non seulement par la grande armée débouchant de la Bohême, mais aussi par les armées de Blücher et de Bernadotte qui ont pu franchir l'Elbe au-dessus et au-dessous de Wittenberg.

Multiplicité des lignes d'opération ou de retraite. — Les éléments de la stratégie dont je viens de parler sont les plus essentiels à envisager, soit dans l'offensive, soit dans la défensive. Mais je ne les ai étudiés que dans leur caractère principal et il y a lieu de s'arrêter sur quelques-uns d'une manière plus détaillée.

Quand on dit qu'une armée suit une ligne d'opération, il ne faut pas entendre qu'elle forme une seule colonne sur une seule route. Surtout avec les effectifs des armées contemporaines, une pareille disposition serait impraticable. En général, une armée suit tout un faisceau de routes voisines, et chaque route forme la *ligne de marche* d'une ou de plusieurs fractions de l'armée. Ce qui caractérise l'unité de la ligne d'opération, c'est que toutes les lignes de marche soient bien reliées entre elles, de manière que tous les corps qui les suivent puissent obéir à une même direction et soient d'autant mieux en mesure de se soutenir mutuellement et rapidement qu'on approche davantage de l'ennemi. La largeur de la zone occupée par les lignes de marche à hauteur des têtes de colonne forme ce qu'on appelle le *front de marche*.

Ainsi, en 1805, Napoléon voulant porter ses corps du Mein et du Rhin sur le Danube avait affecté à chacun de ses corps une ligne de marche : le front de marche d'abord très large, alors que l'on était loin de l'ennemi, se resserra peu à peu au fur et à mesure que l'on approchait du Danube. Le général Berthaut a fort bien apprécié ces dispositions dans ses *Principes de Stratégie*.

Malgré l'étendue de son front au début, l'armée française ne suivit, en réalité, qu'une seule ligne d'opération.

Il en eût été autrement si les lignes de marche des divers corps eussent été sans liaison facile et assez éloignées l'une de l'autre pour empêcher les divers corps de se soutenir rapidement pendant qu'on approchait de l'ennemi.

Lorsque ces conditions de liaison et de voisinage ne sont pas réalisées, les diverses fractions de l'armée suivent des lignes d'opération multiples et c'est ce qui peut arriver aussi dans le cas de plusieurs armées ayant des chefs indépendants l'un de l'autre, des points de départ et des bases d'opération effectives bien distinctes et qui, cependant, sont appelées à agir sur le même théâtre d'opération, en combinant plus ou moins leurs mouvements. Je n'examine pas la question de savoir s'il est bon ou mauvais de faire agir ainsi plusieurs corps séparément, mais on l'a fait avec plus ou moins de succès en maintes occasions, et je ne veux envisager la question que pour définir les éléments qui entrent en jeu dans la combinaison des mouvements de ces divers corps.

Dans l'offensive, si les divers corps ont un même objectif, vers lequel ils tendent en partant de points de rassemblement différents, on dit qu'ils suivent des lignes d'opération concentriques ou convergentes. Si, au contraire, partant de régions voisines, ils se dirigent sur des objectifs distincts, les lignes d'opération sont excentriques ou divergentes.

Il y a aussi des lignes d'opération parallèles.

Les mêmes expressions s'emploient pour désigner les rapports qu'ont entre elles les lignes de retraite multiples.

En 1796, les armées de Moreau et de Jourdan suivirent, pour envahir l'Allemagne, des lignes d'opération à peu près parallèles. Les deux généraux n'avaient pas pour but de combiner leurs opérations en se liant l'un à l'autre.

Les lignes de retraite des deux fractions de l'armée de l'archiduc Charles étaient convergentes. C'était la condition de la belle manœuvre qu'il exécuta pour délivrer l'Allemagne des deux armées françaises.

Après la bataille de Wurtzbourg, les lignes de retraite de Jourdan et de Moreau devinrent tout à fait divergentes, car, tandis que le premier revenait sur le bas Rhin, au-dessous de Coblentz, le second, qui avait pénétré en Allemagne par Strasbourg et Stuttgard, se rapprocha du haut Rhin par le Val d'Enfer et les routes forestières.

En 1813, les deux masses de la Coalition, ayant l'une et l'autre pour objectif Leipzig, suivirent des lignes d'opération convergentes. Il en était de même des lignes de retraite des armées françaises qui en se retirant simltanément sur Leipzig s'y trouvèrent réunies, tandis que les armées de la Coalition y arrivaient en poursuivant leur offensive.

En 1866, les deux masses prussiennes pénétrèrent en Bohême par les deux extrémités de l'Erz-Gebirge, suivant des lignes d'opération convergentes ; il en était de même des lignes de retraite des Autrichiens.

La bataille de Sadowa a été amenée de la même manière que celle de Leipzig.

Quand plusieurs armées ou fractions d'armées suivent des lignes d'opération multiples, chaque armée a ses éléments propres, sa ligne et sa base d'opération effective et ses communications avec cette base. Mais il y a, dans ce cas, d'autres communications importantes à considérer : ce sont celles qui relient entre elles les diverses armées. C'est grâce à leur emploi que les armées peuvent s'appuyer l'une sur l'autre et se secourir mutuellement. Si ces communications n'existaient pas, chaque armée serait isolée et ne pourrait combiner ses opérations avec les autres qu'à grande distance et sans liaison d'aucune sorte.

C'est à ce genre de communications qu'il convient de rattacher l'idée de ce que l'on appelle *les lignes intérieures*.

On doit entendre par là, les lignes de communications qui relient le plus directement les diverses parties d'un théâtre d'opération. La possession de ces lignes donne à une armée de grands avantages, en lui permettant de parcourir le plus rapidement possible le théâtre d'opération dans toutes les directions, et de se porter ainsi d'un point à un autre par la voie la plus courte. Elle en suit, en effet, les lignes droites ou les cordes, tandis que l'ennemi n'en possède que les arcs[1].

C'est en utilisant ces propriétés que des généraux habiles ont obtenu souvent de grands succès dans des circonstances difficiles.

C'est sur l'emploi des lignes intérieures qu'ont reposé en 1796 les opérations de Bonaparte contre Wurmser et contre Alvinzi, aussi bien que celles de l'archiduc Charles contre Jourdan et Moreau.

C'est le même système de guerre que Napoléon voulait employer en 1813. Mais ces rapprochements suffisent à montrer que les résultats d'une campagne ne tiennent pas seulement à sa conception générale mais encore et surtout à l'exécution journalière des opérations.

Direction des lignes d'opération et des lignes de retraite. — Après avoir considéré les lignes d'opération ou de retraite sous le rapport de leur nombre, il convient maintenant de les envisager au point de vue de leur direction par rapport aux armées adverses.

Une armée qui prend l'offensive peut marcher droit sur la masse principale de l'ennemi par le chemin le plus court. Dans ce cas le rôle de la stratégie se réduit à amener l'armée au con-

---

[1] Ce n'est pas ainsi tout à fait que Jomini envisage les lignes intérieures ; pour lui ce sont des lignes d'opération telles que les armées qui les suivent peuvent s'appuyer les unes sur les autres ; mais comme on ne peut atteindre ce résultat qu'à la condition d'être maître des communications, il me semble que c'est là l'idée fondamentale qu'il faut faire ressortir dans la définition. Je ne fais d'ailleurs ici que reproduire la définition que j'ai donnée il y a déjà longtemps dans mon étude intitulée : *Une troisième Maxime de Napoléon*, page 80.

tact de l'ennemi. On ne vise aucun but en dehors de la bataille; c'est par la tactique que les résultats seront obtenus sur le théâtre même de la lutte. C'est avec de pareilles idées que les Allemands ont abordé notre frontière en 1870.

Mais on peut employer d'autres procédés; tout en s'avançant contre le front de l'ennemi en marche ou en position, on peut se proposer de profiter de la concentration imparfaite de ses forces pour les disloquer. On cherche pour cela à tomber avec des forces supérieures sur une partie de son front, de manière à le rompre et à achever de disjoindre ses corps mal concentrés.

C'est ce qu'on appelle une *rupture stratégique.*

La rupture stratégique a pour résultat de diviser les forces ennemies en plusieurs fractions que l'on peut ensuite battre séparément avec plus de facilités que si elles étaient réunies. A moins que l'ennemi soit complètement désuni d'avance, la rupture stratégique s'obtient, sinon par une bataille générale, du moins par des combats partiels. L'ennemi se trouve ensuite dans la même situation que s'il avait pris de lui-même des lignes d'opération multiples.

Mais, malgré l'emploi du combat qui est le moyen nécessaire de toute opération militaire, on peut dire qu'en visant une rupture stratégique on cherche à atteindre un résultat par la stratégie avant d'engager la lutte décisive. La stratégie n'a plus seulement pour rôle d'amener l'armée au contact de l'ennemi, mais aussi de conduire à un premier résultat qui, une fois obtenu, permettra d'engager la lutte dans des conditions plus avantageuses.

On peut dire que, dans de pareilles conditions, les résultats obtenus par la stratégie amoindrissent et facilitent le rôle de la tactique.

L'histoire présente de nombreux exemples de ruptures stratégiques.

Dès le début de la campagne de 1796 en Italie, Bonaparte obtint à Montenotte la séparation des Autrichiens et des Piémontais; Millesimo et Dego l'accentuent. En 1809 la suite des combats livrés d'Abensberg à Eckmühl a pour résultat d'amener la rupture stratégique de l'armée de l'archiduc Charles dont une partie est obligée de se retirer par la Bohême, tandis que le reste est rejeté sur l'Isar. En 1814 dans la première marche de Napoléon contre Blücher, le combat de Champaubert a produit une rupture stratégique dont l'Empereur a ensuite recueilli les résultats à Montmirail et à Vauchamps. Il visait le même but en se retournant contre l'armée de Bohême, mais la résistance des Wurtembergeois à Montereau a permis à toutes les fractions de cette armée de se rallier en se retirant sur Troyes.

La campagne de 1815 a débuté par une rupture stratégique, mais Blücher est parvenu à en détruire les effets en revenant par Wavre sur Mont-Saint-Jean, tandis que Grouchy perdait ses traces.

En 1870, les batailles simultanées de Wœrth et de Forbach ont amené la rupture stratégique de l'armée française que ses chefs aurait pu éviter si, tout en assurant la défense de Metz, ils avaient dirigé la retraite de l'armée de la Sarre parallèlement aux Vosges, de manière à rallier les troupes d'Alsace et à exécuter ensemble leur retraite. Les combats livrés en avant d'Orléans du 2 au 4 décembre ont amené la rupture de l'armée de la Loire.

Il est bien entendu qu'en citant ces exemples, je ne cherche pas à les apprécier ; je n'ai pour but, comme je l'ai déjà dit, que d'expliquer le sens des expressions dont on se sert en stratégie.

La rupture stratégique n'est pas le seul moyen d'obtenir de précieux résultats par la stratégie avant d'engager la bataille décisive. Au lieu d'attaquer l'ennemi de front, on peut viser ses flancs et ses lignes de marche, autrement dit, chercher à s'emparer de ses communications.

On exécute alors ce qu'on appelle un *mouvement tournant stratégique*. Si l'ennemi s'en aperçoit à temps on peut être conduit à une bataille sur le flanc menacé et dont le prix sera justement les communications que l'on vise. Mais si l'on réussit à dérober la manœuvre, on deviendra maître de ces communications avant de livrer la bataille, et ce sera déjà un grand résultat obtenu par la stratégie seule, car l'ennemi se sachant privé d'une partie de ses moyens commencera par être démoralisé; de plus, s'il ne peut pas retrouver de nouvelles communications avec sa base, il sera réduit pour reprendre celles qu'il a perdues à jouer son va-tout dans une bataille, et, s'il échoue dans cette tentative désespérée, il sera obligé de poser les armes.

Lorsque le mouvement tournant ne s'exécute que d'un seul

côté, on dit qu'il est simple; lorsqu'on menace les deux flancs de l'ennemi, on exécute un mouvement tournant double. Napoléon n'a jamais exécuté que des mouvements tournants simples; les manœuvres de Marengo, d'Ulm et d'Iéna en sont des exemples. J'ai en vue, bien entendu, les lignes d'opération choisies par Napoléon et qui le conduisaient d'abord sur les communications de l'ennemi, et non pas le détail des batailles.

Les Alliés, en 1813, ont exécuté en marchant sur Leipzig un mouvement tournant double. Il est clair que la préparation d'un mouvement tournant dépend beaucoup de la direction des bases totales d'opération ou, autrement dit, des frontières. Jomini a bien fait ressortir les avantages des bases en équerre qui, par un côté, permettent de s'opposer de face à l'ennemi, tandis que par l'autre on menacera son flanc. Ainsi en 1800 tandis que nous luttions sur les Alpes occidentales et à Gênes, Bonaparte a pu déboucher des Alpes centrales sur Milan et sur les derrières de M. de Mélas. En 1806, pendant qu'il prenait quelques dispositions pour tenir tête aux Prussiens sur le Rhin, le passage de Frankenwald le conduisit naturellement sur les communications de l'ennemi.

Lorsque la direction des bases d'opération ne se prête pas très bien à un mouvement tournant, on ne peut y arriver que par une *marche de flanc*, c'est-à-dire que ne pouvant commencer par concentrer l'armée de manière à menacer les lignes de marche de l'ennemi, on est obligé, pour y réussir, de défiler devant lui. Il est clair que dans ces conditions le mouvement tournant a moins de chances de succès, car il est plus difficile de tromper l'ennemi. Cependant la manœuvre a réussi en 1805; Napoléon avait bien encore une base en équerre formée du Rhin moyen jusqu'à Mayence et du Mein, et c'est en opérant de ce dernier côté qu'il pouvait menacer les communications de l'ennemi. Mais comme il amenait le gros de son armée des côtes de l'Océan il avait été conduit naturellement à la réunir sur le Rhin, de Strasbourg à Manheim. Dès lors il fut obligé pour atteindre le Danube au-dessous d'Ulm, d'exécuter une marche de flanc en défilant devant l'armée autrichienne qui occupait Ulm. Mack fut cependant trompé et s'aperçut trop tard du mouvement tournant alors qu'il avait déjà perdu ses communications avec le cœur de l'Autriche.

Un mouvement comme celui de Napoléon n'offre toute la sécurité désirable qu'à la condition que l'armée qui l'exécute puisse au besoin changer ses communications. C'est ce qui avait lieu, car Napoléon, obligé à la retraite, aurait pu se retirer par Wurtzbourg sur le Rhin inférieur.

Au commencement de la campagne du printemps de 1813, l'armée française et celle des Coalisés avaient l'une et l'autre en vue simultanément le flanc droit de l'armée adverse. Elles étaient ainsi en train d'exécuter une sorte de chassez-croisez, lorsque Napoléon fut attaqué à Lutzen. Heureusement, tout en exécutant son mouvement, il avait prévu celui de l'ennemi et, pour protéger sa principale ligne de marche, il avait établi au centre des forces qui devaient la suivre, le corps du maréchal Ney. Lorsque l'attaque des Alliés se dessina, ce corps devint le pivot de la résistance de Napoléon sur lequel il dirigea le gros de ses forces en y repliant ses corps de tête, tandis qu'il y poussait ses corps de queue. Leur arrivée décida la victoire.

En 1859, en Italie, le mouvement de l'armée française qui amena la bataille de Magenta avait également pour objectif le flanc droit de l'armée autrichienne. Deux jours avant la bataille les deux armées opposées étaient dans des situations respectives assez semblables à celles des armées en présence avant Lutzen. Cependant les deux batailles furent amenées dans des conditions différentes par suite des procédés distincts que, dans les deux circonstances, les armées adverses employèrent pour s'opposer aux projets des Français.

En 1813, le mouvement de Napoléon sur Leipzig n'empêcha pas les Coalisés de continuer leur marche en avant, et c'est ainsi qu'ils furent amenés à attaquer le flanc de l'armée francaise; tandis qu'en 1859 le général Gyulay, dès qu'il fut averti de la marche de l'armée franco-sarde, s'empressa de ramener la sienne en arrière, et c'est ce qui l'amena ensuite à attaquer nos têtes de colonnes.

De là les difficultés de la bataille de Magenta relativement à celle de Lutzen. Car tandis que Napoléon attaqué sur le centre de sa ligne de marche put réussir facilement à opposer à l'ennemi des forces considérables en y appelant ses corps de tête et de queue; en 1859, Napoléon III attaqué sur sa tête, alors que ses colonnes étaient encore très allongées, ne put amener ses corps de queue sur le théâtre de la lutte, et c'est ainsi que la bataille de Magenta présenta tant de difficultés que l'on aurait eu sans doute bien du mal à surmonter, si la garde n'eût montré tant de solidité à Ponte-Vecchio et le 2e corps tant de vigueur à Magenta.

En 1870, le mouvement de l'armée de Châlons sur Montmédy, dans le but de gagner Metz, avait les caractères d'un mouvement tournant; il tendait, en effet, non seulement à dégager Bazaine, mais à s'emparer des communications de l'ennemi. Il était dangereux parce que l'armée en exécutant un mouvement de flanc vis-à-vis des IIIe et IVe armées allemande sn'avait pas le moyen, si elle échouait, de changer ses communications, mais en réalité ce n'est pas ce mouvement de flanc qui a été la cause de sa perte. Son désastre provient de ce que cette armée s'est laissé cerner sur le champ de bataille. Or, le même résultat aurait pu arriver tout aussi bien au cœur de la France qu'à proximité de la frontière belge. Qu'on suppose, par exemple, que, au lieu de marcher sur Montmédy, l'armée de Châlons se soit retirée sur Soissons et qu'elle s'y soit arrêtée en présence des Allemands. Elle n'aurait pas fait de marche de flanc, mais elle aurait pu être cernée aussi bien qu'à Sedan, si son chef eût montré la même incurie.

Au contraire, malgré la proximité de la frontière belge et la marche de flanc des jours précédents, notre armée se serait sauvée si elle eût employé la journée du 31 août et la nuit suivante à gagner Mézières et à y passer la Meuse.

En outre, il est visible qu'elle aurait encore pu se tirer d'affaire si les Allemands n'avaient cherché qu'à s'emparer de ses communications avec Paris ou avec le nord de la France. En s'établissant, à cet effet, sur la rive gauche de la Meuse en dessus et en dessous de Mézières, ils ne l'auraient pas empêchée de remonter le fleuve par la rive droite, et grâce aux places de Verdun et de Toul, de réussir à gagner Langres, en supposant qu'elle n'eût pas cru prudent de reprendre sa marche sur Metz.

Il faut donc insister sur cette idée que le désastre de Sedan n'a pas pour cause immédiate la marche de flanc de l'armée française, ni la perte de ses communications avec le cœur de la France, mais bien le fait que cette armée a été cernée sur le champ de bataille, et c'est ce qui pourra arriver à toute armée qui restera immobile vis-à-vis d'un ennemi très supérieur en nombre.

Il n'en est pas moins vrai que les mouvements débordants qui exigent des marches de flanc doivent être considérés comme dangereux lorsque les changements de lignes de communication, qu'ils doivent exiger au moins éventuellement, ne sont pas réalisables.

Les directions à choisir dans les retraites sont aussi utiles à considérer que celles des lignes d'opération dans l'offensive.

Quoique le but de toute grande opération militaire soit la bataille, il est certain qu'à l'avenir comme par le passé, il y aura à considérer certains objectifs géographiques. Quand on aura le choix, on tendra vers une région plutôt que vers une autre, soit parce qu'on y aura des communications mieux assurées avec sa base, soit parce qu'on menacera davantage les communications de l'ennemi, soit parce qu'on trouvera dans cette région plus de richesses et par conséquent plus de moyens de subsistances, soit encore parce que c'est une des sources vives de la résistance du pays ennemi. Il est donc faux et c'est une vue incomplète de l'art de la guerre, de rejeter complètement les objectifs géographiques.

Mais dès que l'offensive a intérêt à occuper certaines régions, la défensive a intérêt à s'y opposer. Or, quand la défensive se transforme en retraite il y a deux manières de protéger la région dont on veut interdire l'accès à l'ennemi. On peut la couvrir directement en se plaçant entre cette région et l'ennemi, ou bien s'établir sur le flanc de la ligne d'opération qui l'y conduit.

Par cette dernière disposition on menace les communications de l'ennemi et on l'oblige à se détourner de la direction qu'il voudrait suivre de préférence pour s'attacher à l'armée. On donne à ce genre de retraite le nom de *retraite latérale*, tandis qu'on appelle *retraite directe* celle que l'on exécute en couvrant directement la région que l'on veut protéger[1].

---

[1] Au lieu de ces expressions de « latérales » et de « directes », Jomini emploie les mots de « retraites parallèles et perpendiculaires » et il les définit par rapport à la direction des frontières. Cette manière de voir ne me paraît pas très nette ; avec certains tracés de frontières une retraite peut être à la fois parallèle et perpendiculaire. Ainsi, en 1870, une retraite de l'armée française par Lunéville et Langres était parallèle à la frontière du Rhin et perpendiculaire à celle qui s'étendait de Lauterbourg à Thionville ; les deux mêmes épithètes auraient également pu s'appliquer en sens inverse à la retraite

En 1870 la ligne d'invasion naturelle des Allemands était celle qui les conduisait de la frontière vers la région qui avoisine Paris. Ils s'y sont engagés résolument après les batailles de Metz. Ils en ont été détournés une première fois par le mouvement de l'armée de Châlons sur Montmédy; mais après le désastre ils y sont revenus sans hésitation. Une armée française qui, pour protéger la région de Paris aurait essayé de défendre successivement la Moselle, la Meuse, l'Argonne, puis le pays situé entre la Marne et l'Aisne aurait exécuté une retraite directe. En prenant la direction de Langres ou de Besançon elle aurait exécuté une retraite latérale.

La retraite latérale a généralement pour résultat de maintenir la guerre près de la frontière. De plus elle place les armées opposées dans des situations relatives assez semblables à celles qu'elles occupent lorsque l'une d'elles exécute un mouvement tournant. Aussi lorsque la retraite latérale est conduite heureusement elle permet de reprendre rapidement une offensive dangereuse pour l'ennemi parce qu'elle menace ses communications.

Dumouriez en 1792 a exécuté de Grand-Pré sur Sainte-Menehould une retraite latérale qui découvrait la route de Paris. Elle a amené la victoire de Valmy, mais Dumouriez n'a pas compris que pour en profiter il aurait fallu porter rapidement le gros de ses forces sur la Moselle pour menacer les communications des Prussiens. Cette manœuvre dont Jomini a nettement montré les avantages était d'autant mieux commandée par la situation que, tandis que les Prussiens échouaient en Champagne, Custine débouchant de l'Alsace avait envahi le Palatinat avec succès et même avait réussi à s'emparer de Mayence.

En 1814, le mouvement de Napoléon vers l'Est après la bataille d'Arcis-sur-Aube présente tous les caractères d'une retraite latérale et il aurait probablement sauvé la France si Paris eût été fortifié.

J'arrêterai là cet exposé, croyant avoir dans les pages précédentes attiré l'attention sur tous les éléments essentiels de la stratégie.

---

par Metz et Verdun. Aussi je crois que les expressions de « directes » et de « latérales », qui d'ailleurs ne sont pas neuves, et dans la définition desquelles on fait intervenir l'idée de la région à couvrir, sont bien préférables.

Et maintenant je le demande à tous les esprits non prévenus, n'y a-t-il pas dans ces considérations générales sur l'art de la guerre un ensemble de vues simples et naturelles ? Ne se sent-on pas sur un terrain ferme et solide, d'où l'on peut partir avec confiance à la recherche des principes ? Nos idées ne sont au fond que celles de Jomini que nous avons reprises en essayant de les préciser et de les simplifier. Mais en supposant que nous y ayons réussi sur quelques points, il n'en restera pas moins au général l'honneur d'avoir le premier suivi une voie féconde et d'y avoir mieux que personne approfondi et élucidé le sujet qu'il voulait traiter. Le seul reproche que l'on puisse lui faire est d'avoir été trop loin ; mais s'il y avait lieu d'élaguer des poussées un peu trop vives, ce n'était pas une raison pour abattre le tronc.

En présentant ces idées sur la théorie de l'art de la guerre je n'ai d'ailleurs pas, tant s'en faut, la prétention d'avoir dit le dernier mot. Je souhaite, au contraire, que de bons esprits, en adoptant le point de départ, y apportent de vrais perfectionnements.

RÉSUMÉ

Résumons maintenant les considérations qui viennent d'être présentées.

D'abord j'ai essayé de montrer, en m'appuyant surtout sur les idées de Jomini, que la stratégie et la tactique sont deux branches de l'art de la guerre qui ont des objets bien distincts, et je me suis efforcé de les délimiter avec précision.

L'une et l'autre doivent avoir pour but principal la bataille ; mais elles y concourent par des moyens différents : l'objet de la stratégie est d'amener les forces à la bataille ; celui de la tactique est de les diriger pendant la bataille. Comme dit encore l'archiduc Charles, c'est par la tactique que l'on obtient les résultats que la stratégie a préparés, et dont celle-ci tire ensuite parti.

Mais par tactique il faut entendre seulement la bataille dans son ensemble et dans ses détails. Il est essentiel d'en faire sortir toutes ces subdivisions de l'art de la guerre qui concernent les marches, les stationnements, les ravitaillements, qu'à mon avis on y a rattachées à tort depuis vingt ans et qu'auparavant on n'y avait jamais comprises. Ce sont les moyens de la stratégie, et il me paraît rationnel de les considérer comme constituant un chapitre de cette science. On peut le désigner par l'ancien nom de logistique que l'on a mis de côté sans motif plausible.

En même temps il convient de faire sortir de la stratégie la politique, les causes morales, qui ont sans doute leur influence sur la conduite des opérations et sur leurs résultats, ainsi que l'instruction et la mobilisation de l'armée qui ont la plus grande importance, mais qui sont distinctes de la stratégie proprement dite, et de restreindre l'objet de cette branche de l'art de la guerre aux mouvements des armées en dehors du champ de bataille.

Ces deux branches principales de l'art de la guerre étant ainsi délimitées avec précision, je me suis demandé comment il convenait d'aborder l'étude de la stratégie.

Cette étude, à mon avis, peut être divisée en trois parties; ayant respectivement pour objet, les éléments, les principes et les moyens.

Les éléments, ce sont les directions et les positions qui sont en jeu dans la conduite des opérations militaires, On doit s'efforcer de les définir d'une manière nette et précise, en éclairant le sujet de quelques exemples simples que l'on ne fera que citer sans essayer de les apprécier.

Les principes, ce sont les règles d'après lesquelles il convient de combiner les éléments. J'ai développé cette opinion que l'étude de l'histoire seule peut conduire à la connaissance utile des principes, c'est-à-dire que seule elle peut en faire saisir la vraie valeur et la juste signification.

Si les hommes de guerre qui ont écrit sur la théorie de la guerre à la suite des campagnes du premier Empire sont d'accord sur les définitions de la tactique et de la stratégie, tous sont également d'avis que la méthode historique est la seule qui puisse conduire à une connaissance utile des principes et mettre en mesure de les bien appliquer.

Après avoir assisté aux grands événements militaires du commencement de ce siècle ils en ont recherché les causes.

Après l'expérience, la recherche des lois; c'est la méthode des sciences d'observation, et c'est la seule qu'il faille suivre pour étudier l'art de la guerre. La méthode rationnelle ne pourrait que fausser les idées, en faisant croire que les principes ont une valeur absolue, tandis qu'ils n'ont d'importance que par l'application que l'on en fait suivant les circonstances. L'analyse des événements historiques seule peut mettre en lumière cette vérité fondamentale dont doivent bien être pénétrés ceux qui prétendent au commandement des armées. Car mieux vaudrait ignorer les principes que d'en méconnaître le caractère essentiellement relatif. Avant tout, l'art de la guerre exige des qualités naturelles que l'étude peut développer mais qu'elle ne créé pas. C'est pour cela que l'on a vu des gens ayant peu de savoir, mais doués d'un caractère imperturbable, d'un coup d'œil rapide et de sagacité, conduire les plus brillantes opérations. Et cela suffit pour qu'on les considère comme de bons généraux, car en somme l'art de la guerre n'a qu'un but qui est la victoire et tous les moyens sont bons lorsqu'ils y conduisent.

Aussi doit-on dire que la stratégie n'est pas seulement une science ou un art, mais qu'elle est à la fois l'un et l'autre, une science par ses principes, un art par son application.

Beaucoup peuvent apprendre la science, mais pour l'art il n'est donné qu'à un petit nombre d'en atteindre l'objet.

Quant aux moyens de la stratégie, ce sont les procédés qui servent à déterminer et à réaliser les combinaisons de la stratégie. C'est l'objet de la logistique. Ce qui caractérise les moyens, c'est qu'une partie d'entre eux sont l'objet de perfectionnements incessants. L'emploi des chemins de fer notamment a modifié profondément l'exécution des opérations stratégiques. Aussi, tandis que pour la recherche des principes on doit employer la méthode historique à l'exclusion de toute autre, je pense que la méthode rationnelle est celle qui convient à l'étude des moyens en raison de leur nature essentiellement matérielle et positive.

Après avoir exposé ces idées sur la marche à suivre dans l'étude de la stratégie, j'en ai étudié d'une manière spéciale la première partie, c'est-à-dire les éléments. Cette étude repose avant tout sur la distinction fondamentale qu'il convient d'établir entre l'offensive et la défensive ; toutes les deux ont pour moyen la bataille, mais ce qui les distingue, c'est que la première a pour but la conquête, la seconde la conservation, et les éléments de la stratégie n'y sont pas en jeu de la même manière Les éléments essentiels de l'offensive sont les lignes et les bases d'opérations ; ceux de la défensive, les positions stratégiques et les lignes de défense.

Dans les deux cas on commence par rassembler ses forces. C'est le déploiement stratégique de l'armée qui sera le point de départ de l'offensive ou de la défensive.

Des deux côtés il faut envisager les lignes de communication des armées avec leurs bases et les lignes de retraite. Les armées peuvent suivre simultanément plusieurs lignes d'opérations qui peuvent être convergentes, divergentes ou parallèles ; il en est de même des lignes de retraite. Lorsqu'on emploie des lignes d'opération multiples, il faut aussi envisager les communications qui les relient et, spécialement dans la défensive stratégique, ce que l'on appelle les lignes intérieures.

Dans l'offensive il faut considérer aussi ses lignes d'opérations par rapport à celles de l'ennemi. Ces relations sont nettement distinctes suivant que l'on a en vue un mouvement tournant simple ou double ou une rupture stratégique.

Lorsque la défensive se transforme en retraite, il faut avoir en vue non seulement le nombre des lignes de retraite, mais aussi leur direction par rapport à la région que l'on veut surtout couvrir. C'est ce qui donne naissance à l'idée de retraite directe ou latérale.

Tels sont les éléments de la stratégie sur lesquels j'ai cru devoir appeler l'attention.

Comme je l'ai déjà dit, il ne s'agit en réalité dans ce travail que d'une question de définitions, il ne peut être considéré que comme une introduction à l'étude de la stratégie qui a pour principal objet les principes et les moyens.

Mais j'ai pensé qu'avant d'entreprendre cette étude, il était essentiel de bien s'entendre sur le sens des expressions que l'on peut être appelé à employer couramment dans les questions d'histoire militaire.

C'est pour cela qu'après avoir essayé de définir l'objet de la stratégie et exposé la marche à suivre pour l'étudier, j'ai cru utile de présenter quelques vues précises sur ces divers éléments qui, pour avoir été négligés dans ces dernières années, ne répondent pas moins à des réalités aujourd'hui autant que par le passé.

Et maintenant, me dira-t-on, à quoi tout cela sert-il ! Qu'importe à la masse des officiers que la stratégie et la tactique aient des objets bien distincts, et qu'il soit possible de les définir et de les délimiter bien nettement ? L'important est que chacun sache conduire sa troupe dans les différentes circonstances de la guerre. Les chefs d'armée seuls ont besoin de connaître les grands principes parce que, seuls, ils ont à les appliquer. Mais pour engager bon nombre d'officiers à méditer les parties élevées de l'art de la guerre, il suffit de dire que les généraux ont été capitaines et officiers supérieurs et que ceux qui se croient destinés à occuper de hautes positions feront bien de s'y préparer de bonne heure ; car il s'en faut que la capacité vienne naturellement avec le grade ; on peut affirmer au contraire qu'à partir d'un certain âge on ne peut plus se mettre aux études auxquelles on est resté étranger dans sa jeunesse. Aussi, à moins d'admettre qu'il est avantageux pour un général de faire de la stratégie et de la tactique comme M. Jourdain faisait de la prose, croyons-nous qu'il est bien utile de se pénétrer de l'objet particulier de chacune de ces deux branches de l'art de la guerre, de la nature des éléments de l'une et de l'autre, et ensuite des principes d'après lesquels il faut combiner ces divers éléments pour conduire une opération militaire avec de sérieuses chances de succès.

La stratégie en a de très précis et de très formels ; mais comme il s'agit d'une science qui ne vaut que par son application, il importe non seulement de connaître ces principes, mais de les apprécier à leur vraie valeur, de savoir pourquoi ils sont vrais et aussi dans quelle mesure et dans quelles circonstances il est permis de s'en écarter.

« Heureux, dit Jomini, ceux qui possèdent ces connaissances et « les gouvernements qui savent les mettre à leur place. »

Paris. — Imprimerie L. Baudoin, 2, rue Christine.

www.ingramcontent.com/pod-product-compliance
Lightning Source LLC
LaVergne TN
LVHW020424230826
846091LV00004B/1399

* 9 7 8 2 0 1 3 5 6 0 7 5 7 *